JN068986

# 1970年代
# 関西の鉄道記録
## 下巻 私鉄編
## カラー写真でよみがえる懐旧の情景

### 小林 武 著

◎近鉄橿原線　近鉄郡山〜筒井　1979（昭和54）年5月12日

# .....Contents

※神戸電鉄は2005(平成17)年4月に準大手私鉄から中小私鉄へ移行した。

◎南海本線　みさき公園～淡輪
1984（昭和59）年10月

# 3章 地方私鉄編

# はじめに

　このたび写真集発刊のお話を頂戴した。大変有り難いことだと思っている。私は一般の鉄道趣味人の端くれに過ぎず、生涯撮り鉄ではあるものの当初から「ほどほど」を目指して撮影を続けてきた。関西圏には著名な多くの大先輩がおられ、その方々をさしおいて関西圏の国鉄・私鉄の写真集を発刊することに、内心、忸怩たる思いはあるものの、幅広い対象を一応一貫して撮影してきていることを思い、また、私とて、齢72を数え、カラーフィルムのさらなる褪色が進まぬうちにと、遠慮なく出させて頂くことにした。

　私は1950（昭和25）年、堺市・中百舌鳥（なかもず）の生まれ、なにぶんにも自宅の前を1本の道を隔てて南海高野線が走っているので、当然ながら、生まれながらの電車ファンである。それでも、まだ小学生時代は、他の事柄にも関心を寄せ、首を突っ込んだりもしていたが、そもそも自分は「心技体」揃って不器用で、他人と同じことをしていたら恥をかくだけと割り切り、中学生になってからは、この趣味一本に絞ることにした。同好の友人が同級生にもいたことや、鉄道雑誌を初めて購入したことも大きい。写真撮影は中高生、浪人時代まではモノクロ、大学生になって最初の年次だけはカラープリントを使っていたが、2年の折、アサヒペンタックス購入を機に、カラーリバーサルに切り替えて現在に至っている。

　この写真集は、その最初の10年（ちょうど1970年代に相当）を中心に、80年代撮影のものも少々交えているが、それはコダクロームを使い始めた時期だけに、解像度の高い写真もお見せしたかったからに他ならない。したがって、80年代に登場した新型車両や80年代になって初めて赴いた撮影地の写真などは極力掲載を控えたつもりである。

　「ほどほど」を目指したのは、「不器用」ゆえの機動力不足（そもそも、クルマの運転が出来ない）と強度近視で視力に自信がなかったからで、早めに諦めた結果にほかならない。所詮、趣味に過ぎず、目的の第一は思い掛けない進路に進んだことに伴う大いなる「気晴らし」が第一で、かつ、始めた当時のリバーサルフィルムの品質を考えれば「ほどほど」しか解がないと信じ込んでいたのも事実である。ただ、モノクロで撮影せず、カラーに拘ったのは、同じ緑色の電車といっても、目の前の南海と近鉄では異なり、名鉄はさらに違って、ご丁寧にも1500V路線、600V路線と違うのを早くに目の当たりにしていて、カラーの魔力は捨てがたかったからである。

　写真の内容も形式写真まがいと鉄道風景写真ばかりで、いわゆる情景写真までは頭が回らず、ほとんど残せていない。今となっては、残念な思いもある。また、近場ですむものは近場ですませたため、当時は絶好の撮影地まで足が延ばせていないことも多い。このような、駄作の集大成みたいな作品集だが、鉄道趣味は十人十色であり、また違う目で見られたなら、ちょっとは思い掛けない記録情報になっているかも知れないと思っている。とりあえずは、車両も風景も古き良き70年代の鉄道風景と車両たちを楽しんでいただければ幸いである。

　写真のコメントは車両の解説あり撮影時のエピソードあり、撮影地の現況報告ありとまちまちであるのは、書くのに苦心惨憺の結果とご容赦願いたい。私は今も、趣味の関心は利用者としての立場を除けば、鉄道は車両が8割というほどに車両中心。しかも、形態と塗色という幼児時代の見どころから脱却できずにおり、解説もその延長にあるものと理解して頂きたい。

2022（令和4）年8月　　小林 武

# 1章
# 大手、準大手、地下鉄編

近畿日本鉄道、南海電気鉄道、泉北高速鉄道、京阪電気鉄道、
阪急電鉄、阪神電気鉄道、北大阪急行電鉄、大阪市営地下鉄、
山陽電気鉄道、神戸電鉄

◎阪急神戸線　御影〜六甲　1980（昭和55）年9月14日

# 近畿日本鉄道

筆者の年代（1950年代生まれ）で「新ビスタカー」といえばこの車両である。流線型車両が宇治山田方を向いているのでＢ編成。Ａ，Ｂ，Ｃの３通りあり、大阪方が流線なのはＡ編成で、Ｃ編成は両側が貫通車であった。新緑にかわった葡萄畑を疾走する。この付近は河内ブドウの産地である。◎近鉄大阪線　国分～安堂　1978（昭和53）年５月13日

新ビスタカーの貫通側。大阪方が丸く見えるのでＡ編成である。ここ関屋～二上間も、住宅開発がなされる前までは好撮影地であった。◎近鉄大阪線　関屋～二上　1972（昭和47）年4月29日

筆者は普段、イベント列車には見向きもしないのだが、ビスタの3重連となれば別である。喜び勇んで撮影に赴いた。9両連結の勇姿を見通せる直線区間で身近な場所として松塚付近を選んだ。当時は田圃の中の小駅で、駅の傍でも前後双方が見通せた。遠方に見える山は大阪との府県境の二上山である。
◎近鉄大阪線　大和高田～松塚　1978（昭和53）年10月1日

近鉄上本町駅を発車する旧ビスタカー特急である。「いせじ905レ」とメモしてあるから、宇治山田行きか。旧ビスタカーは1956（昭和31）年に製造された試作車。すぐ翌年には新ビスタカーが一段とスマートな外観で登場したので、僅か1年のこの差にビックリしたものだ。この特急は登場時、紺とオレンジが逆転した塗り分けだった。1967（昭和42）年、前年の国分付近での追突事故により、宇治山田側は貫通形に改造された。
◎近鉄大阪線　上本町　1971（昭和46）年5月2日

「京伊特急」の京都行きである。文字通り、京都と伊勢を直結する特急として構想されたが、当時は電圧と車両限界という2つの壁をクリアする必要があり、複電圧、狭幅で対応した専用車両であった。1966（昭和41）年にデビュー、併結を念頭にした貫通で、特急表示幕を左右に振り分けた今までにないスタイルである。1969（昭和44）年に昇圧、1973（昭和48）年に限界拡幅で大型車対応可となると、サービスレベルの自然低下で廃車や格下げ（「あおぞらⅡ」に改造）となった。◎近鉄橿原線　平端～結崎　1972（昭和47）年4月29日

正月、初詣輸送のスナックカー長編成。阪伊特急と思われる。スナックカーの当初の狙いは名阪間の乗客奪回であり、この頃も名阪甲特急は平常時２連と苦戦していた。肝腎のスナックコーナーは車販基地化していたそうである。鳥羽線開通、志摩直通、難波線開通、万博と続いて増大した観光客需要を背景に増備を重ね、最大勢力を誇る特急となって特急大衆化の牽引車となった。◎近鉄大阪線　耳成〜大福　1974（昭和49）年１月１日

修学旅行専用のビスタカーとして1963（昭和38）年に衝撃のデビューを果たした。赤とクリームの塗色、オール２階建て、３連１組で、中間車の１階を機器室とした。1994（平成３）年まで団体専用車や季節臨時急行に活躍した。筆者にとっては１学年の違いで乗りそびれ、2227系であった。写真は長谷寺の西方で、山岳区間に入ってまもない場所である。◎近鉄大阪線　長谷寺〜大和朝倉　1989（平成元）年４月25日

まだ農村地帯の面影を残す京都線竹田付近。京都線・橿原線とも既に限界拡張工事は完了していたが、特急車18000系はまだ使われていた。1965（昭和40）年登場、台車は新しいが、電気機器は旧型車の流用で吊掛駆動。最終的には予備車となり、1982（昭和57）年に廃車。大人しいスタイルで、それなりに好まれた。
◎近鉄京都線　竹田～上鳥羽口　1978（昭和53）年4月1日

1964（昭和39）年に登場させ、好評を博した「京橿特急」の予備車である。「京橿特急」の主役そのものが奈良電鉄車の改造車であるので、もちろん予備車も改造車であった。3両編成のうち2両は、戦前の旧型電車からの改造という凡そ考えられない方策で充当した。外観上の新鮮さは塗色と張り上げに改造された屋根ぐらいで、シルヘッダーの付いた車体、2段窓もそのまま、ヘッドライトも埋込み改造されるでなく、取付け式のままだった。
◎近鉄西大寺(庫)　1970（昭和45）年10月10日

1963（昭和38）年に登場した狭軌使用の吉野特急。当初は塗り分けラインも大阪線系とは異なり、一味違う特急としてスタートして南大阪に新風を巻き起こした。基本は2連であるが、増備車で1本だけ4連固定がある。廃車後、大井川鉄道へ行った仲間もいるが、ラスト3本は新塗色の対象にまでなっている。このあたりも柏原に続くブドウの産地で、背後の山は一面のブドウ畑が続く。◎近鉄南大阪線　上ノ太子～二上山　1978（昭和53）年9月24日

近鉄の前身、大阪電気軌道が平坦線区向けに用意した張上げ屋根・3扉の1400系で、この頃はまだ活躍していた。この1408は白熱灯の前照灯2個をカバーで一体化した「2灯改造車」になっている。近鉄ではこうした改造は試作どまりだったが、京王帝都電鉄では相当数がこうした改造を受けた。
◎近鉄大阪線　河内国分～安堂　1973（昭和48）年1月3日

1957（昭和32）年、南大阪線に初めて登場した20m・4扉両開きの本格通勤車は、大阪線では1959（昭和34）年の1470系が最初であった。その後、1480系、2400系、ラインデリアの2410系と進展していく。そして、次に登場したのは長距離用固定クロスシートの2600系、冷房付きの2800系へと続いていく。
◎近鉄大阪線　二上～関屋　1972（昭和47）年4月29日

2200系健在。モニ2306を末尾に、府県境の山地を越えて一路大阪を目指す急行上本町行き。ちょうどこの頃には廃車が始まりつつあり、2200系→張上げ2227系→特急格下げ2250系の順で廃車が進んでいった。
◎近鉄大阪線　関屋～二上　1972（昭和47）年4月29日

1972（昭和47）年５月のゴールデンウィークに、初めて長谷寺へ撮影に行った。駅にほど近いところではあったが、鯉のぼりも入り、それなりの構図で写すことができたので納得。欲張ってすぐ他のところへ行った。通勤車による臨時急行「青山高原」号。まだ、通勤冷房なき時代、ラインデリア装備が最新の仕様であった。
◎近鉄大阪線　長谷寺〜大和朝倉　1971（昭和46）年５月２日

奈良電鉄の車両改造で「京橿特急」の先駆として活躍した680系は、橿原線の限界拡張工事後、特急を引退し、志摩線に転属、格下げされた。もちろんマルーンレッドに変わったが、密閉窓ゆえ冷房は残置されてハイレベルな普通車となった。賢島に渡る鉄橋を行く。◎近鉄志摩線　賢島〜志摩神明　1976（昭和51）年8月14日

鳥羽湾を臨む鳥羽〜池の浦を行く1460系の2連。大阪線通勤新性能車のトップバッター1460系は、試作の1450系とともに1975（昭和50）年に名古屋線へ転出。主として志摩方面のローカル運用に就いた。1450系は名古屋線標準とも言える振り分け2灯化されたが、1460系はそのままの懐かしい姿も束の間、紅白色塗分けになるまで使われた。◎近鉄鳥羽線　鳥羽〜池の浦　1976（昭和51）年8月14日

薬師寺の東塔を背景に走るモ600形。昇圧（1969年9月21日）後も、限界拡張工事が未了のため、多くの小型車が残存した。4連系23編成と2連系支線用11編成に区分され、橿原線は4連車が走った。これらの小型車を追って、橿原線や生駒線にしばしば足を運んだ。モ600形は、元々奈良線の主で多数が存在した。後期車は小型、同じ窓配置ながらも張上げ屋根車。
◎近鉄橿原線　九条～西の京
1970（昭和45）年10月10日

本書に形式写真として是非とも掲載したかったのが、この構内入換車。その昔、鉄道ピクトリアル313号にモノクロ写真を掲載して頂いたが今回はカラーである。元は信貴生駒電鉄のデハ3号で、合併後に貫通化こそされたものの、ほぼ原形で残っていた車両である。中学生時代に信貴生駒電鉄の同車を撮影したのが、筆者の地方私鉄探訪の原点。橿原神宮前の台車振替場でも使われていた。無籍車とは言え「私鉄車両のアルバム別冊A」でもきちんと取り上げられ、「関西の鉄道NO.33」では、1形に関してまとめて書かれるなど、文献に残っているのも嬉しい。
◎近鉄奈良線　玉川工場
1973（昭和48）年3月1日

奈良電鉄の電動貨車が昇圧後も残存した。1950（昭和25）年、近車製のデトボ361で、のちモト71となった。1964（昭和39）年に撮影された写真が「キャンブックス」に掲載されているが、何と買収後でもオヘソライトとなっていて、こんな姿は大手私鉄では珍しい。奈良電鉄時代の写真では電動貨車にしては珍しく、淡い色に塗られていて、これまた興味深い。
◎近鉄　西大寺(庫)
1973（昭和48）年9月15日

近鉄の試作アルミカー8000系8069編成4連。デビュー当時は奈良線の一般車両に混じって就役していた。通常の普通鋼車と比べ角ばった車体をしている。後には京都線運用などに就いたのち中間車化、早く廃車を迎えた。写真は今里駅ホーム。筆者の中高生時代は撮影の聖地だった。◎近鉄奈良線（大阪線）　今里　1972（昭和47）年10月27日

橿原線の近鉄郡山付近を走る、ステンレスカー 3000系。近鉄唯一のステンレス車で、京都市営地下鉄乗入れの試作車として1979（昭和54）年に製作された。ステンレスカーとは言え、前面の左右2/3と側面の戸袋部と帯がマルーンレッドに塗られ、人気が高かった。結局、乗り入れ車はアルミ製の3200系となり、3000系は2012（平成24）年の廃車まで、ずっと陽光の下で暮らした。周辺は金魚の養魚池であるが、今はこれほど見事ではない。
◎近鉄橿原線 筒井〜近鉄郡山　1979（昭和54）年5月12日

唐招提寺の森をバックに走るのは820系4連。奈良線拡幅工事前の阪奈特急用として臙脂にステンレス細帯でデビューした初の高性能車800系の後継増備車。800系が湘南流線形なのに対して820系は貫通で、ドアが1450mmの両開きとなった。奈良線に大型車が走るようになると橿原線に移り、その後は2連で生駒線や田原本線で使われ、さらに伊賀線に移籍。最後は伊賀鉄道の車両として「忍者電車」になったりもした。
◎近鉄橿原線　西の京〜尼ケ辻　1973（昭和48）年7月15日

奈良電の残党モ430形は大半が廃車となったが、電動貨車となって3両が残った。大阪線で旧形木造電動貨車の更新に車体だけ使われた2両は、中央扉が両開きに改造された（車番引継ぎモワ2831,2832→83,84）。しかし、奈良線系のモワ61（元番445）→87は中央扉の改造もなく、懐かしい姿で、活躍した。他の電動貨車は地色が茶色だが、この車両はマルーンレッドに黄帯だった。1985（昭和60）廃車の由。
◎近鉄橿原線　西の京〜尼ケ辻　1970（昭和45）年10月10日

奈良線系小型車、奈良電引き継ぎ小型車は、昇圧工事後、400系と600系に集約されたため、さまざまな形態の混成群で、貫通・非貫通、2扉・3扉、1段窓・2段窓の組合せで混在していた。とりわけ、2連車、4連車とも、Tc車のク300形、ク550形に異端車が多く揃えられ、生駒線では北向き、橿原線では南向きの車両が狙い目だった。それでも、全タイプを写し終えることはできなかった。◎近鉄生駒線　信貴山下〜王寺　1973（昭和48）年7月15日

奈良電からの引き継ぎ車も、大半が廃車となった430形を除いて各形式とも残存した。ク303は奈良電のク573で、近鉄奈良線の主力600形と似た小型車だが、車幅が広くドア間の窓数も1枚多いというクセ者だった。生駒線は旧信貴生駒電鉄、生駒山地と矢田丘陵の間の谷間を縫って走っていて、2連車の時代はローカル味満点だった。
◎近鉄生駒線　平群〜竜田川　1970（昭和45）年10月10日

生駒線の晩秋の風景である。この車両は元奈良電車両で、唯一、2枚窓、湘南タイプの2連車であった。電動貨車の機器流用の鋼体化車で、ノーシルノーヘッダーだが、樋の水切りが側面からヘッドライトの下まで来ているのが特徴。1987（昭和62）年まで使用された、旅客車としては最後の奈良電車両であった。
◎近鉄生駒線　平群～元山上口　1977（昭和52）年11月27日

東山～元山上口間は、この当時、林間にある小駅の東山を出ると、山麓を巡るような大きい築堤をカーブで辿り、切通しを抜けると小川を二度渡り、元山上口駅に至るという変化に富んだ区間であった。宅地開発用に買収した用地が未着工だったのだろう。線形を変更し、宅地化されて線路はトンネルまでできた。
◎近鉄生駒線　平群～元山上口
1977（昭和52）年6月26日

道明寺線の大和川橋梁を渡る5201＋6514。同系のMcTcカップルである。元々吉野鉄道が1929（昭和4）年に製造した全鋼車。窓配置d1D5D1dというからアッと驚く広窓。のちには窓に縦桟が入り、野暮ったくなってしまったが、鉄道ピクトリアル掲載の古い写真を見ると斬新だ。当時の乗客の評判はいかばかりだったろうか。名古屋線、養老線に転属していた車両もあったが、ともに1974（昭和49）年頃までに廃車になった。
◎近鉄道明寺線　柏原南口～道明寺　　1971（昭和46）年6月27日

上野市の車庫の光景。モニ5184が休んでいる。庫内にいるのは、信貴山電鉄引継ぎの小型車でモ5251形。向こうの側線には使われなくなった2両の電気機関車が見える。だいぶ褪色しているが、奥は元伊賀鉄出身で、手前は南大阪線からきたELだ。ELの標準色は赤茶に黄帯だが、大阪、名古屋、養老線系と塗り方が違い、黄色は端バリ、側バリにだけ入れており、側面の帯もない。それにしても、伊賀市となった今も駅名は「上野市」。この頑固さが嬉しい。
◎近鉄伊賀線　上野市　1975（昭和50）年8月2日

大阪線の伊賀神戸を出た伊賀線は東へ並走して木津川を渡る。前身の伊賀鉄道生え抜きのモニ5181形が2連で、まだまだ元気に働いていた。1912（大正15）年製、無骨なスタイルの半鋼製車で、荷物室付きなので1D12D1D1という窓配置も変則。3面折妻構成の前面、小さな1段窓、屋根上のお椀型ベンチレーター。深い塗色がよく似合う「伊賀の里」にふさわしい電車だった。◎近鉄伊賀線　伊賀神戸～比土　1975（昭和50）年8月2日

稲が色づく稔りの秋。上野市へ向かう5000系の同系2連。北からいえば桑町の先まで上野市内の市街地が続き、暫く
すると急に田園地帯になってくる。左手の丘陵部に沿いながら右に大きくカーブして猪田道へ下ると平坦線になる。
車両は5000系で、元々関西急行の6300系が転籍してきたもので、Mc 7両、Tc5両が入った。これにより伊賀鉄生え
抜き車などが淘汰された。◎近鉄伊賀線　桑町～猪田道　1979（昭和54）年9月16日

名古屋線の特急格下げク6570形を先頭とする急行名古屋行き。車端に扉を持つ前4両は、元特急車Mc+Tc 2組。そして、最後尾は、その変則窓配置から、元参宮急行デニを更新張上げ屋根に改造したモ6251形と推察される。堂々、オール張上げ屋根5連の美しい編成になっている。特急格下げ車は1979（昭和54）年頃に狭軌化されて養老線に転じ、平成初期まで活躍した。◎近鉄名古屋線　弥富〜佐古木　6573ほか　1973（昭和48）年4月30日

西大垣の検車区に憩う3両の電気機関車。1、12、7。その向こう、ちょっと車体が見えるのが元「かもしか」の特急車で、まだ特急色のままだ。デ1は元伊勢電気鉄道のテキ501で、1927（昭和2）年川重製。デ12は同テキ512で1928（昭和3）年に英国から輸入された。デ7は1923（大正12）年日車製で揖斐川電気からの生え抜き。デ1とデ7は、この年に廃車になっている。◎近鉄養老線　西大垣　1971（昭和46）年3月28日

近鉄線は大きくカーブしながら、東海道本線をアンダークロスして北上する。春の陽光を受けて水路の水も輝いている。北へ向かう揖斐線の電車は5821形。今は臙脂に身を落としているが、南大阪線ではオレンジと紺のツートンで、特急「かもしか」号として就役していた。1970（昭和45）年に養老線に転属しだが、元々伊勢電気鉄道1930（昭和5）年製のモハニ231形と古い。◎近鉄養老線　北大垣～室　1976（昭和51）年5月9日

ク1561形1569。元々は大阪線にいた戦後新造の区間運転用の制御車だが、大阪線当時は中間に挟まれていて撮影できず、同タイプ唯一のMcモ1321を写して喜んでいた経緯がある。それが名古屋線に転属。名古屋地区固有の、通勤車まがいの振り分け2灯化がなされた上で、晴れてTcとして活躍。1977（昭和52）年頃に養老線へ転属、特急格下げ車に混じって活躍した。1984（昭和59）までに廃車となった。
◎近鉄養老線　下野代～下深谷　1981（昭和56）年10月17日

1978（昭和53）年の雪景色は岐阜方面。名鉄美濃町線に札幌市電の連接車が来たこと幸い、名鉄、近鉄狙いで出かけた模様。雪降りしきる揖斐駅に停まるのは5662＋5305の2連。モ5651形も南大阪線出自の箱電。半流3枚窓、幕板にまで飾り窓付きの優美な車両を更新で、思いっきり四角に仕上げたような車両で、さらに小さな1段窓が印象深くしていた。隣駅美濃本郷との間でも撮影したが、当時は民家もなく雪原状態だった。
◎近鉄養老線　揖斐　1978（昭和53）年2月4日

内部線の220形、終点の内部の近く。こちらでは松阪線から来た230形が走っていたので、寄ってみたかった。210形や220形は角ばった箱形そのものだが、230形は松阪鉄道由来で、電動車では唯一端面が丸い電車だった。当線の220形はＴ車化され、四日市あすなろう鉄道に引き継がれた後、新車導入で廃車となった。
◎近鉄内部線　小古曽～内部　1977（昭和52）年8月1日

秋収穫期の北勢線（現・三岐鉄道北勢線）。今や撮影ポイントは思い出せない。こんなカーブの所があったのかなと思う。線形が後に改良されている可能性もある。走っているのは三重交通時代から主力であった220形。サハを牽いた3連も絵になるが、単行というのもかえって珍しいので掲載した。220形は北勢線には7両いたが、北勢線近代化で数を減らしながらも意外と長命だった。◎近鉄北勢線　上笠田～麻生田　1977（昭和52）年10月23日

# 南海電気鉄道、泉北高速鉄道

白鷺団地内を走る「新こうや」号、高野山寄りのMc車。公表された完成予想図を見て、大層期待していたが、できたら、あんな颯爽といったイメージではなかった。しかし、何分にも1本しかなくて、高嶺の花のイメージは十分であった。学校帰り、堺東の留置線に停まっているのを覗いていたら見学させてくれたことをよく覚えている。「ちゃんと乗った」のは大人になってからだ。◎南海高野線　白鷺～初芝　1971（昭和46）年5月5日

千早口付近の「新こうや」号。現在、このあたりは複線化されているが、里山風景とも言うべき景観が残る。背後の山容もそのままだ。撮影するにはネットフェンスが目障りになるが、新緑、盛夏、紅葉と四季の景色の中で、ぼんやり電車を眺める程度なら支障はない。ただ、座ったりして眺められるポイントがないのが残念なところ。後継車の30000系の登場は1983（昭和58）年5月。◎南海高野線　三日市町〜千早口　1981（昭和56）年9月23日

廃車扱いになって天下茶屋の留置線に並べられた高野線用1251系3両。南海は20m車2001系、18m車1201系・
1551系、15m車1251系・1051系それぞれで、製造時期により何タイプかの車両がある。一番種類が豊富なのは
2001系だが、1251系は大雑把に言えば3通り。左のタイプが一番古く、Mc車は2両しかなかった（写真はT車）。真
ん中は一番整ったスタイルの戦前型。右は戦後型で小さい下降窓が特徴。この下降窓が高性能車に引き継がれていく。
◎南海高野線　天下茶屋　左から1895、1260、1278　1971（昭和46）年2月26日

高野山電気鉄道引き継ぎのデニが焼失し、1954（昭和29）年に車体新造で製作された荷物電車。デニの姿を踏襲し、難波側は非貫通と、前後で異なるスタイル。小型で丸っこく深い屋根の愛嬌ある荷電だった。ノーシルノーヘッダーで、他車と異なり灰色の屋根と緑一色の窓枠が特徴。◎南海高野線　住吉東　デワ2001　1970（昭和45）年5月30日

南海高野線の貨物輸送は、泉北高速鉄道開通の前日1971（昭和46）年3月31日をもって終了した。最後の日は雨。下りを中百舌鳥〜百舌鳥八幡の田圃から、上りを浅香山の下りホームから撮影した。形式ED5121形。いわゆる南海タイプと言われる独特のスタイルの凸型電機で、北陸鉄道、豊橋鉄道、土佐電鉄に仲間がいた。◎南海高野線　浅香山　ED5128　1971（昭和46）年3月31日

中百舌鳥～百舌鳥八幡間の写真で、線路西側から見た風景である。写っていないが、右側では泉北高速線開通を控え、中百舌鳥駅移設工事が行われている。写真の右に写っている棒状のものは野井戸の跳ね釣瓶で、真っ直ぐになっているので分かりずらい。車両は高野山直通の大運転用小型車の４連急行で、緑一色から緑色濃淡への塗替え過渡期にあたり、不揃いになっている。◎南海高野線　中百舌鳥～百舌鳥八幡　1261ほか　1970（昭和45）年９月

家族総出だろうか。人海戦術で田植えも稲刈りもする時代であった。背後は南海高野線で、左が百舌鳥八幡方向、右が中百舌鳥方向である。高野線上下線の間に中百舌鳥止まりの泉北線折返しの引き上げ線があり、泉北高速100系が折り返し待機中の姿である。こんな光景は今となっては懐かしい。もちろんこの区間は宅地化されて、水田は残っていない。
◎泉北高速線（南海高野線）　中百舌鳥〜百舌鳥八幡　1973（昭和48）年6月23日

泉北ニュータウン泉北高速鉄道線に乗り入れる南海6200系。南海高野線通勤車は6100系のあと、6200系になった。同時並行的に作られた南海本線系列の車両はなく、セミステンレスの泉北3000系が同系車。同形で電機子チョッパ制御試作車8000系を改造組み入れ、界磁チョッパ制御車8200系を組み入れ同番代に統合したと思えば、泉北車を南海で購入、本線で走らせるなど、意外と動きの多い系列である。この写真は、登場間もない1975（昭和50）年の撮影。
◎南海高野線（泉北高速線）泉ヶ丘〜深井　1975（昭和50）年9月7日

6000系ステンレスカーが走る白鷺～初芝間。白鷺団地は線路を挟んで存在しているが、線路の北東側、白鷺寄りに農地が残っていた（今はさらに縮小）。手前側の休耕田ではアワダチソウが茂るが、その向こうに拡がる田圃の部分では大きく稲干しが行われており、その姿は壮観である。向こうに見える駅は白鷺駅。その後ろは中百舌鳥公園団地の高層住宅。◎南海高野線　白鷺～初芝　1978（昭和53）年11月5日

泉北ニュータウン内を100系電車が行く。1971（昭和46）年4月に開通したばかりの新線で、周辺緑地に植えられた植栽もまだ至って小ぶりである。100系は南海6100系に相当する通勤車で、セミステンレス、前面3面折妻が特徴。前面中央を縦にブルーに塗ったのがユニークで、シンプルですっきりしていた。側面の裾も直線で済み、これまたすっきりしている。のちに方向幕を付けたので前照灯を腰に移したら、3000系と似た面影になった。
◎泉北高速線　深井～泉ヶ丘
1974（昭和49）年11月3日

高野線のズームカー 21001系４連。昇圧工事改造前の姿である。昇圧改造工事にあわせ集中冷房化され、２両ユニット化により１両に１基ずつだったパンタを奇数車２基に改めた。また、シールドビーム２灯化も実施された。この写真は改造前の姿で、屋根上の様子がスッキリしているのが分かる。
◎南海高野線　白鷺～初芝　1972（昭和47）年８月24日

南海電鉄では、新性能電車導入に先立ちあるいは同時並行で、車体は新車だが旧性能の類似車を製作した。本線の11001系と同時に12001系、高野線の21001系に先立つ21201系である。これはその21201系、ズームカーに似て非で、「ニセズーム」と呼ばれた。難波側から３両目が、Ｔ車なので、１編成で３個パンタとなる。線路と水路に挟まれた空き地にも秋が来て、ススキとアワダチソウが真っ盛りである。
◎南海高野線　白鷺～初芝　1970（昭和45）年10月25日

南海高野線を走る泉北高速3000系。南海6200系類似の３面折妻20ｍ４扉車であり、やはりセミステンレスである。この当時は南海が業務を全面委託されている関係上、泉北車も南海高野線内単独の運用に入っていた。3000系ではその後、編成両数調節のため、一部車両を増解結用２連車に改造したり、一部車両を南海に譲渡したりと、他系では見られない動きがあった。◎泉北高速線（南海高野線）　初芝～白鷺　1981（昭和56）年10月４日

勾配を上る22001系。現在はこの場所の左手に美加の台トンネルの入口があり、美加の台へと下ることになる。美加
の台駅の前後は旧線が遊歩道になっているが、新線を潜る。三日市町方でも、旧線は相当に低い位置を走っていたこと
になる。千早口の駅は変わらないから、今よりもっと急勾配を駆け上っていたのだ。
◎南海高野線　三日市町～千早口　1981（昭和56）年9月23日

旧線時代の千早口駅に進入する急行21001系。現在の千早口駅の様子に比べて開けた感じがするのは、新線が集落側に設けられためであろう。現在は当駅の正面に見える山系に複線トンネルで直に突入する線形になっている。
◎南海高野線　千早口　1976（昭和51）年10月17日

三日市町～千早口間の複線化工事は1980（昭和55）年9月に着工し、1984（昭和59）年3月に竣工した。この区間にトンネルを1つ新設し、新駅の美加の台を開業している。この写真は旧線の千早口駅に近い場所で、現在も田圃の間を貫く明かり区間であるので、フェンス越し複線になったものの風景の印象は大きくは変わらない。折から真っ赤に彼岸花が咲いている。◎南海高野線　三日市町～千早口　1981（昭和56）年9月23日

南海高野線の複線化工事は1972（昭和47）年頃から開始された。先に府県境の紀見トンネルのある区間などから先行、
8工区に分割されて順次行われた。曲線の多い区間はトンネル化されたので、旧線区間での撮影も行いやすかった。こ
の写真は千早口～天見の旧線区間を行くニューズーム22001系4連である。鉄ピク誌の記事によると、この区間は
1978（昭和53）年7月着工、1983（昭和58）年6月に完成した。若葉が芽生え、れんげが咲き乱れるこのあたりの春
は撮影に心地良かった。◎南海高野線　千早口～天見　1977（昭和52）年4月29日

夕立だろうか、雨の山岳区間を「臨時こうや」が行く。21001系は若番車2本を残してロングシート化され、クロスシートで残った2本は行楽シーズンには「臨時こうや」として使用された。写真の地点は紀伊細川駅から上古沢方面に1キロほどのところ。高野山有料道路へ通ずる道から仰ぎ見ている。1994（平成6年）頃には同じように仰ぎ見られたことを確認しているが、果たして今はどうなっているだろうか。
◎南海高野線　紀伊細川～上古沢　　1975（昭和50）年8月21日

これもズームカーのクロスシート車、特急の夏季臨時「こうや」号。よく知られた丹生川橋梁を渡る姿である。高野線は九度山を過ぎると狭い丹生川の谷間に分け入っていく。鉄橋のすぐ先のトンネルを抜けるとすぐ高野下駅。そこから先が本格的な山岳区間で、高野山電気鉄道が開業した区間である。今も20m車は橋本どまり。山岳区間には17m車しか入れず、車種を豊富にしている。◎南海高野線　九度山～高野下　1971（昭和46）年7月10日

南海11001系の貫通形1次車をカラーで写し損ねたことを悔いていたら、1ペアが京福福井へ行った。昇圧工事をせずに廃車となる11001,11009系のうち、2連4編成が京福電鉄福井支社に行き、うち1本が貫通車で早速撮影に行った際のもの。この車両も貫通形ではすきま風が応えたせいか、10年後には非貫通2枚窓、張り上げ屋根に改造された。
◎京福電鉄福井支社　福井口（庫）　3007＋3008　1974（昭和49）年5月25日

新今宮を出て行く11009系。11001系の2次車は11009系と称し、湘南スタイル、張り上げ屋根で、南海と言えばこのスタイルが代表であった。ちなみに1次車は貫通形で、樋が屋根全周を巻く在来形。同形旧性能の12001系とともに、この頃には編成の中間に入れられていたように思う（この写真の奥から3両目）。この列車は淡路航路連絡急行で「淡路号」といい、「淡路島 通う千鳥の…」にちなんで、千鳥の絵が入れられ、現代とは違う余裕が羨ましい。
◎南海本線　難波～新今宮　1972（昭和47）年11月17日

新今宮を出て難波に向かう普通車2051系。南海の全金製通勤車の第二弾。2年前に登場した1521系3連に続き、今度は4連車で登場した。1501系モーター流用の1521系にひきかえ、2001系のモーター流用なので、McTTMcとすることができた。塗色はこの2051系で初めてグリーン濃淡（のちの標準色）が採用された。両系列車は昇圧工事の際、あわせて支線区用として改造され、単行運転できるMc両運転台車も作られた。
◎南海本線　難波〜新今宮　1972（昭和47）年1月22日

旧形車の中では、18m車の1201系、1551系（モーター出力の違い）が最後まで残り、支線系で使われていた。この系列も大きく分けて4種ほどあったといえよう。1201系のほうが最後は貴志川線で働いたり、京福電鉄福井支社や水間鉄道へ行ったが、形は関係なく譲渡されたので、両社にもとりどりな形の1201形（京福ホデハ2001形、水間モハ501形）が使われており、訪問する楽しみを増やしてくれた。
◎南海天王寺線　天下茶屋　1552＋1557　1973（昭和48）年6月2日

堺貨物駅に停留中のED5201形電機。旧型電機が緑一色なのに引き換え、凝った緑色ツートンで、1963(昭和38)年に4両が登場した。撮影のこの年には緑一色化され、端バリも赤一色になって他車と揃えられた。南海本線の貨物輸送は住金の輸送があったから遅くまで残っていた。思いがけず1両が三岐鉄道に渡り、国鉄富田の入換に従事したあと、太平洋セメント藤原工場の入換専用機となって存命である。
◎南海本線　堺(貨物)
1971(昭和46)年2月20日

堺駅の北東部に隣接して、堺貨物駅があり、本線越しにたむろする機関車や荷電を望むことができた。左の凸電は、いわゆる南海タイプのED5101形5107。右の凸電は、有名な東芝戦時型と言われたED5151形5153。当時(1971年3月)、5101形8両、ほぼ同形の5121形10両、5151形は3両が存在した。堺貨物駅は、1976(昭和51)年11月に廃止された。
◎南海本線　堺(貨物)
ED5107,ED5153
1971(昭和46)年7月8日

南海本線随一の風景が広がるみさき公園〜箱作間。海岸沿いに松林が残り、名景であった。箱の浦の団地が、比較的早くに開発されたので、舗装道路が写り込んでしまうのが、多少、口惜しい。車両は7100系、難波行きの急行で、既に、方向幕も付いている。◎南海本線　箱作〜淡輪　1975(昭和50)年8月31日

7000系通勤車が和歌山湾を眼下に眺めつつ走る加太線。背後に大きな住友金属（現・日本製鉄）の和歌山製鉄所が広がるが、手前の磯ノ浦は海水浴場でもあった。線路は右側手前にカーブして、ちょっとした広葉樹林の切通しを抜けると終点加太だ。現在は「加太さかな線」として売出し中。22001系の名残り2200系も使われる。
◎南海加太線　磯ノ浦〜加太　1979（昭和54）年12月30日

みさき公園〜淡輪間を南下する急行和歌山市行き7100系。冷房化は終えているが、方向幕化は未了である。右手向こうに見えるのは玉ねぎ小屋で、泉南の風景。ちょうど稲刈りシーズンで稲が干されているが、このあたりでは井桁の形に組んだ稲干しを行なう。現在は休耕農地も増えつつあり、一面の稲田風景は過去形である。
◎南海本線　みさき公園〜淡輪　1972（昭和47）年10月30日

秋の貴志川線。高野線などから転入の
1201系の仲間にニセズームのTcが加わ
り、雨の夏につづいて、2度目の訪問。
お目当ての21201の入った3連が来た
折には、生憎、浮雲が太陽にかかりボツ。
これは、その前に撮影した下りである。
21201については、また今度…と、3連
の折返しを待つことなく引き上げてしま
った。
◎南海貴志川線　吉礼～岡崎前
1241＋1218
1976(昭和51)年9月18日

南紀直通客車は往路は夜行で、帰路は昼行123レに併結されていた。これは、湯浅での急行待ちの123レである。この
客車はサハ4801と、電車並みの称号を持ち、緑一色、車内も国鉄車より豪華だった。南海本線内はモハ2001系に牽引
されたが、2001系の廃車後の末期には1551系に牽引された。1両しかないので、検査中は国鉄客車を借り入れた。
直通客車廃止は1972(昭和47)年3月。◎南海本線(国鉄紀勢本線)湯浅　1970(昭和45)年6月14日

南海電鉄では将来の昇圧を控え、南海本線・高野線とも旧形在来車を次から次へと淘汰し、新車を投入した。本線の2001系は昭和初期から製造開始された20m級の急行用大型車であったが、廃車が一歩早かったので、カラーでは車庫での廃車直前の姿しか撮せていない。この写真も千代田工場へ回送されて来ていたもの。南紀直通の客車を牽引するのも2001系の役割であった。白塗りのヘッドライトが2001系の特徴。
◎南海高野線　千代田工場
2009＋2819＋2014
1970（昭和45）年8月1日

紀勢本線の急行「きのくに」の最後尾に併結される南海のキハ5500系2両。南海本線内では、白浜の円月島をデザインしたヘッドマークを付けていた。塗色は国鉄急行色。デビュー当時は、準急色だったらしいが、私は見る機会がなかった。両運転台車が4両あり、季節臨などに併結か、本線内を単行運転する姿も写せている。背後は海南の臨海工業地帯。1985（昭和60）年3月、ダイヤ改正時に乗り入れは廃止された。
◎南海本線（国鉄紀勢本線）冷水浦〜加茂郷　1962（昭和57）年6月28日

# 京阪電気鉄道

京橋駅に停車中の1900系。1817系から編入された車両で、樋を残した在来型の屋根、ウインドシルが残る車体、砲弾型のヘッドライトなどが特徴で、新車と混結して使われた。3000系の導入が急ピッチで進み、1900系は特急から引退、1972（昭和47）年から3扉に改造のうえ格下げされた。◎京阪本線　京橋　1970（昭和45）年5月25日

八幡町～橋本間を行く1900系新造車。この区間は石清水八幡宮のある丘陵部に沿うようにカーブしながら走る区間で、線路の北側に水田が残り、細い水路も流れていて心地良い撮影地だった。1900系の新造車は全てで28両、うち4両は両運転台車であった。◎京阪本線　八幡町～橋本　1971（昭和46）年10月15日

京阪本線の高架複々線区間を行く
格下げ後の1900系。一般色で3
扉になっているが、冷房化は
1986(昭和61)年からで、まだ行
われていない。1900系は主とし
て5連で、ローカル運用に活躍し
た。日くの両運転台車も3扉改造
されたが、片運車とはドア間の窓
数が異なっていたので増設ドアは
両開きとなってしまった。昇圧工
事が行われて、比較的近年まで残
っていたが、2008(平成20)年末
で廃車となった。
◎京阪本線　古川橋〜門真市
1982(昭和57)年4月17日

2200系は2000系スーパーカーの後継車で、この断面卵形と言われたスタイルは2400系・2600系（2000系車体流用。新造もあり）に継承された。◎京阪本線　八幡町〜橋本　1971（昭和46）年10月15日

八幡町〜橋本間を行く3000系。1971（昭和46）年8月から導入された新型特急で、1900系との導入間隔が短いことに驚いた。2年ほどで全車が揃い、次の8000系導入までの長きに亘り、京阪特急の看板だった。
◎京阪本線　八幡町〜橋本　1973（昭和48）年7月22日

京阪は、600系41両、700系44両と、大量の機器流用車を保有していた。これらは600系が1956（昭和36）〜1959年頃、700系が1967（昭和42）〜1970年頃に製造され、2000系と同じ3扉ながらも、ドア間は2個連続窓を2組配置、車体裾を直線にするなど、一味違うスタイルであった。特に600形は前照灯も2個並べたタイプで好まれた。写真の場所は八幡町の北、3本の河川が合流する地点の東側である。田んぼは残るが、高速道路が高く突っ切り、開けていた面影は損なわれた。◎京阪本線　八幡町〜淀　1973（昭和46）年1月1日

鴨川べりを行く500系。この川べりの光景は著名な撮影地で、京阪の代表的風景であった。地下化で姿を消したが、観光資源化もできたかもと思う。500形は1953（昭和28）年頃から登場の更新車で、長さ16.5m、台枠流用の小型車であった。この頃が最末期で、翌年から廃車が始まり、全車両とも見られなくなった。
◎京阪本線　七条　1972（昭和47）年7月18日


1300形は戦後に製造されたいわゆる規格型電車である。元々2扉車であったが、のち3扉化された。この頃は流石に末期の姿で、4連を組んで支線運用に入っていた。この区間はまだ田園風景を残していて、梅雨時の滅入るような暗い空のもと、4連が枚方市へ向かって下っていく。1300形は1983（昭和58）年の12月の昇圧を前に姿を消した。
◎京阪交野線　河内森〜私市　1982（昭和57）年6月15日

交野線で働く晩年の600系。700系は車体流用で1000系化されて7連を組んだが、600系は7連での本線運用車もあれば6連や4連もあった。この写真の4連の両端は600形だが、中間に1650形由来の680形と1300形改造車が挟まれ、凹凸編成を構成している。交野線のこの区間も、最近は、住宅が建て込んできた。
◎京阪交野線　河内森〜私市　1982（昭和57）年4月17日

# 阪急電鉄

1000系は戦後、最初に作られた高性能車で、量産車が神戸線1010系、宝塚線1100系、京都線1300系とされて大量増備。さらに機器流用の更新バージョンで神宝線系1200系、京都線系1600系とあった。当初は2扉であったが3扉化された。1970（昭和45）年頃は、系列を問わないなら2扉車、白熱灯1灯で未改造車もいた筈だが写しそびれた。そこまで頭が回らなかったのだ。◎阪急宝塚線　梅田　1976（昭和51）年2月1日

西宮北口のダイヤモンドクロス（平面交差）は昔からの名所ではあったが、通学で毎日通ったりしていると、有り難みが薄れてくる。無くなるという話が早くも出ていたのだろうか。大昔、白黒で写しただけやと気づき、写したのがこれ。実際に廃止されたのは1984（昭和59）年3月24日であった。5100系は1971（昭和46）年製の量産冷房車で、試作5200系の後を継ぎ製造された。全線向けの汎用性能を持つ。
◎阪急神戸線　西宮北口
1980（昭和55）年9月14日

緑豊かで閑静な住宅街御影。冷房改造前2000系増備車2021系が梅田から三ノ宮をめざす。この地点を振り返ったところに神戸高速線乗り入れに伴う引き上げ線が設けられ、阪急神戸線の上下の線路が離れつつあるのはそのためである。六甲駅止まりの山陽電車がここで折り返す。
◎阪急神戸線　六甲〜御影
1970（昭和45）年5月30日

六甲駅は中2線の追い抜き線を持つ中間駅。通学のため下車すると、各停の856が発車していくところだった。阪急は基本的に貫通車で形成されているが、この855,856の2編成、小型車610系2両、嵐山線の同210系2両と僅かずつ非貫通車が存在していた。六甲は自分の大学の最寄り駅で、4線構造で撮影至便。ここで粘れば好都合と分かっていたが、流石にそれは憚られた。◎阪急神戸線　六甲　1971（昭和46）年7月6日

1975（昭和50）年に新イメージで登場の2200系に引き続き、1976（昭和51）年に登場の6000系。2200系は新制御方式の試験車であったが、こちらの機器は5100系と共通で大量に増備された。結局、新制御方式は界磁チョッパ制御となって7000系と7300系を生むが、これらは新スタイルを踏襲。一方、2200系そのものは後に6000系に編入された。◎阪急神戸線　御影〜六甲 1980（昭和55）９月14日

ゆったりした風景だが、線路との身近さが支線らしさを表している。610形は戦後の1953（昭和28）年頃、大量に製造された15m級、機器流用の小型車である。第一編成のみ、非貫通。この頃は支線系で活躍していたが、のちに能勢電鉄に渡った。◎阪急伊丹線　稲野〜塚口　1971（昭和46）年４月26日

老兵600系は、普段、610系に前後を挟まれて走っていたが、通学途上、600系が先頭に出ているのを見かけて慌てて写したものである。いわゆる川崎造船所製の川造形と呼ばれる、重厚な全鋼製の車両で、窓配置も後の阪急形とは異なる3扉車である。類似の車両が他社にも存在した。◎阪急伊丹線　稲野～塚口　1971（昭和46）年6月5日

戦後製造の大型車両で、窓配置d2D10D3と堂々としている。戦前の900形に始まった2扉、1段窓の阪急スタイルを踏襲している。のちに3扉化された。シールドビーム2灯化は埋込みタイプの専用灯具を作り、2灯化されている。背後に見える山地は、宅地開発で大きく破壊されているが、今は宝塚大劇場が川べりに大きく鎮座し、山そのものがほとんど見えなくなっている。◎阪急今津線　宝塚南口〜宝塚　1980（昭和55）年9月14日

阪急の風格を象徴した特急2800系。マルーンの車体に銀色に輝く2個ペアの連続窓がずらっと並ぶ姿は流石であった。特急料金を取らないのだからと割り切って、通勤車と同じ前面にして、特急標識だけは2枚つけている。後継6300系の登場で格下げされ、3枚扉化されたが、違和感なく仕上がっていた。
◎阪急京都線（宝塚線）　梅田〜十三　1972（昭和47）年1月22日

淀川を挟んで北の山崎、南の八幡は、昔から「撮り鉄の聖地」であった。そんな聖地も撮影条件が厳しくなり、ポイントが限定されてくる。名神高速道路の東側、阪急と国鉄に囲まれた農地もカツカツの範囲で残っていた。登場間もない6300系が、京都へ向かって駆け抜けていく。国鉄の新快速に117系が登場するのは、あと4年先のことである。
◎阪急京都線　大山崎〜長岡天神　1976（昭和51）年7月24日

まだ田園風景の残る南茨木付近。前年の1975（昭和50）年に登場した6300系が走る。この頃はまだ2800系の特急も残り、混用されていた。6300系で初めて採用されたアイボリーの屋根塗装は、のちに他車にも波及して行ったが、それにより特急車の特別感のほうが薄れてしまうこととなった。
◎阪急京都線　南茨木〜茨木
1976（昭和51）年4月4日

610系の仲間とも言える、機器流用の15m級小型車210形。McTMcの3連1本限りである。晩年には嵐山線にいたが、流線型の200形がいたので、どうしても影が薄かった。阪急車両の他社譲渡は、系列の能勢電を除けば珍しいが、廃車後、広島電鉄に譲渡された。◎阪急嵐山線　桂　1972（昭和47）年11月16日

阪急の電気機関車、電動貨車は黒一色で、前面裾部に幅広いトラ縞が入る。西宮ではホームから撮影できる電動貨車を、正雀では構外から撮影できる電気機関車4301や電動貨車4501,4207を写している。わざわざ見学させて貰ってまでは写していないので、残念ながらこれだけである。◎阪急京都線　正雀工場　1976（昭和51）年4月4日

1000系列も冷房化の機会を得た。1300系がトップで、引き続き、1010,1100系も一部冷房化が行われた。非冷房車が残っていたが、冷房化促進の掛け声のもとで廃車が進んだ。緑が増え、落ち着いてきた千里線を走る1300系冷房車。
◎阪急千里線　山田〜北千里
1979（昭和54）9月14日

# 阪神電気鉄道

1959（昭和34）年登場のジェットブルー初期車。ジェットシルバーも含め、30両製造のうち、5101形10両は両運車であった。普通車4連のうち、後ろ2両は経済設計車で、屋根上のグローブ形ベンチレータからも判別できる。5101形の車体は、京福電鉄福井支社ホデハ1001形の車体更新に流用されてモハ1101形となった。この車両を皮切りに、阪神スタイルが福井の地に溢れることになる。◎阪神本線　青木～魚崎　1975（昭和50）11月2日

武庫川線を行く単行の3301形3302。3500系の両運転台車3301形は4両作られ、武庫川線のほか、本線増結用などに使用された。1975（昭和50）年に冷房化されたが、冷房電源搭載余地なく、他車との併結でないと使用できなかったことは有名である。譲渡先の京福電鉄福井支社では冷房使用できるよう改造された。最後はえちぜん鉄道に引き継がれ、えち鉄カラーで頑張っていた。
◎阪神武庫川線
武庫川～東鳴尾
1971（昭和46）年7月5日

赤胴車の大量増備を迫られた阪神は、1963（昭和38）年から経済設計車を投入して対応した。前面平妻、車体裾直線化、簡素な側窓、グローブ形ベンチレータと徹底、T車には旧型車の台車流用まで行った。写真は1972（昭和47）年の姿なので、もう冷房化が完了している。福島駅付近の地上線時代。開かずの踏切と言われたが、地下化になったのは1993（平成5）年。◎阪神本線　福島　1972（昭和47）年11月14日

小型車王国、阪神に新風を吹き込んだ、1954（昭和29）年製、新造特急車の改造後の姿である。急行系共通運用のため、前面貫通化、3扉化、冷房化と順次改造されて、名車の趣きは、なくなっている。1984（昭和59）年から廃車が始まり、1989（平成元）年に、最後の2両が廃車となった。何を慌てたのか、シャッターチャンスが早すぎ、残念ながら、特徴ある前頭部平面に、架線柱の影がかかってしまった。◎阪神本線　青木〜深江　1980（昭和55）年9月14日

阪神では、高性能車のうち通勤車は高加減速性能を高め、「ジェットカー」と称した。試作5001形に引き続き登場させたのが5201形ジェットシルバー。増備車は普通鋼になり、クリームとブルーに塗られ、ジェットブルーと呼ばれた。この頃の初期のステンレスカーは、普通鋼車の形状を忠実に踏襲し、前面前頭部のオデコもきちんと丸く仕上げられ、新車導入に力が入っていた様が窺える。◎阪神本線　新在家～石屋川　1972（昭和47）年12月11日

阪神赤胴車は経済設計車大量増備のあと、ラインデリア装備の7835〜編成が登場して、比較的スマートに見えたので「これが続くとええな」と思っていたら、もう翌年には全くイメージの異なる新車が出て驚かされた。車体の角はきっちり丸く角を取り優しいが、背が高く、箱形の印象が濃かった。しかも阪神初のクーラー設置車で、さらに高く見えた。このタイプはのちに2000系に改造された。◎阪神本線（山陽電鉄）　須磨浦公園〜須磨　1973（昭和48）年6月24日

青木〜深江間を走る青胴車5270。阪神は特急用赤胴車、一般用青胴車ともども、かなり煩雑な形態区分があって、まとめた表を何通りか作っても、理解が追いつかずに厄介だ。この5270は経済設計車の青色バージョンであるが、製造年次が1968(昭和43)年と遅いので、縦雨樋は埋め込まれている。
◎阪神本線　青木〜深江
1980（昭和55）年9月14日

初期の赤胴車3501形の２連が、西大阪線を行く。川は神崎川で、現在はトラス橋になっている。上の高架は阪神高速３号神戸線。なぜ広い淀川橋梁で写さずにここで写したのだろう。多分、尼崎方面から来て川を渡ったらすぐ駅に停まったので、つられて咄嗟に下車したのだろう。◎阪神西大阪線　大物〜出来島　1981（昭和56）年１月31日

救援車で神戸高速鉄道乗り入れ時点に準備されたもの。いつも石屋川の車庫引き上げ線の東端に置かれていた。前面にも側面にも大きな扉を設け、機器の出し入れに備えている。阪神の電動貨車は、この通り赤っぽいマルーンに塗られていたが、いつごろからかジェットブルーの下半色に変わっていた。この155も気づかぬうちに消息を絶っていた。
◎阪神本線　石屋川　1972（昭和47）年12月11日

# 大阪市営地下鉄、北大阪急行電鉄

今はなき我孫子検車場に留置中の1108と509である。509は510とともに一旦、救援車として残されたもの。結局50系が登場するまでの在来車の旧塗色時代のカラー写真は、ポジフィルムではこれが唯一の写真となった。前年まで日常的に見られていた御堂筋線の在来車が、万博の影響で一挙に30系化したためで、悔しい思いをした。
◎大阪市営地下鉄御堂筋線　我孫子検車場　1970（昭和45）年10月1日

何の変哲もないアルミとステンレスの30系。手前がアルミ車3505、向こうがステンレス車3512。まだ線区別のカラー帯が入っていない頃の姿である。万博大量輸送を控え、急造されたいかにもの切妻車で、当初は弁当箱と悪口を叩いていた思い出がある。しかも、座席も人工皮革張りの硬いシートで、冷めた弁当が想起された。
◎大阪市営地下鉄御堂筋線　我孫子検車場　1975（昭和50）年3月16日

北大阪急行線内を走る大阪市交30系3095。この車両は、万博輸送時に揃えられた北急車のステンレス車を引き継いだ
もので、当初からその前提で同形車として製作された経緯がある。北急ではステンレス7000系、アルミ8000系と名
乗っていた。これは大阪市がラインカラー導入後の姿であるが、側面は何もなし。前面は既に横帯入で面積拡大してお
り、過渡期の一時的な姿である。
◎大阪市営地下鉄御堂筋線（北大阪急行南北線）　千里中央～桃山台　1979（昭和54）年9月8日

万博閉幕が近づいた９月の万国博中央口。万博会場へは桃山台の北方で東に折れて、万国博中央口まで仮線が設けられていた。駅のさらに東側の引き上げ線で折返しを待つ北大阪急行2000系。残暑が厳しく冷房もまだ無い時代なので、留置中、ドアは開放されていた。北急2000系は大阪市交30系ステンレス車の角を丸めた仕様の独自車で、前面のコルゲートも省略されていた。◎北大阪急行会場線　万国博中央口（仮駅）　1970（昭和45）年９月２日

北大阪急行線内を走る2000系。当初は無かったマルーン帯が添えられている（マルーン帯は、最初は細く前面扉になし。のちに太く変更）。2000系は1986（昭和61）年以降、後継のポールスター8000系登場で全面的に置き換えられた。
◎北大阪急行南北線
千里中央〜桃山台
1979（昭和54）年９月８日

10系は1979（昭和54）年に御堂筋線に登場した待望の冷房車。御堂筋線のハイグレード化に貢献した。のちに一部編成のリニューアル工事やVVVF制御改造などを実施、前面上半もブラックフェイス化された。最近では31系の追加投入でそれらの更新車も廃車が進み2022年の夏に引退した。1973（昭和48）年に登場した谷町線使用を想定した試作2000形は、前面スタイルが異なっていたが10系に編入されていた。
◎大阪市営地下鉄御堂筋線　中津〜西中島南方　1981（昭和56）年10月3日

「港の地下鉄」と言われた、地下鉄中央線の名残りの逸品である。中央線は大阪港～弁天町間が先行開通したが、その折に用意された6000形に準備されたオリジナルカラーが朱と灰色に白帯で新鮮だった。増備の6100形ともども、東西全通時点で片運化、改番、塗色変更されたが、1両半端になったために911（元6111）が部品取り用に残された。それにしても何を足場にして塀に挑んだのだろう。◎大阪市営地下鉄中央線　森ノ宮検車場　1971（昭和46）年2月20日

地下鉄中央線900系（元6000系）で、この写真は弁天町。車両のラインカラー化は1975（昭和50）年から始まったが、当初は前面の貫通ドア部分のみ塗装していた。のち側面にも太帯で塗られる様になり、高架線を走る路線では、さらに前面のラインカラー部分が、拡大された。◎大阪市営地下鉄中央線　弁天町　1976（昭和51）年3月16日

地下鉄中央線九条付近を走る50系5021。前面左側の窓は、ATC機器配置のため小窓化されてはいるものの、さほど違和感ない形でまとまっている。のちのラインカラー下地の薄緑と比べれば、俄然、旧塗色が良かった、写しておいて良かったと思っている。中央線沿線は高架で心地よかったが、高速道路が南北両側高くを併走したので、眺望は台無しになった。◎大阪市営地下鉄中央線　九条　1974（昭和49）年2月2日

緑木町検車場に留置中の100形、200形、30系各2編成である。四つ橋線仕様なのでラインカラーは青である。左の
100形は中間に入っていたためか、車番が書かれておらず、ATC未改造で2段窓が残っている。向こうの3500形は何
故か車番の地色が違う。機関車マニアならこれも妙味の一つとしているが、電車ではあまり話題になってないようだ。
◎大阪市営地下鉄四つ橋線　緑木町検車場　1980（昭和55）年2月23日

阪急京都線乗り入れで南茨木付近を走る60系。この付近はまだ農地が残り、僅かながら菜の花も見える。60系も30系と同様の経済設計であったが、まだ類例のない額縁スタイルと前面窓拡大、窓下に紅色を塗っただけで、比較的評価が良かった。しかし、堺筋線のラインカラーが茶色であったので、紅色部分も茶色に変えられてしまった。
◎大阪市営地下鉄堺筋線（阪急京都線）南茨木〜茨木市　1976（昭和51）年4月4日

千里ニュータウン付近を60系が北千里めざして走る。バック遠望は万博公園だが、周囲の緑が相当に深くなり、「太陽の塔」の頭がちょこんと見えている。万博から9年という歳月の変化を感じる。万博時点は植栽も植えたばかりで、地肌が目立ち貧相に見えたものだ。60系はまだ冷房を搭載していない。1990（平成2）年から一部編成が冷房化された。
◎大阪市営地下鉄堺筋線（阪急千里線）　北千里〜山田　1979（昭和54）年9月8日

# 山陽電気鉄道

これも阪急六甲の写真で、アルミカーの2013。山陽電鉄では2000系普通鋼車のあと、ステンレス2本、アルミ1本の
試作車を製作した。このうち最後の編成ステンレス、アルミ各1本が3扉車である。結局、山陽電鉄は最終的にアルミ
を本格的に採用して5000系、最新鋭6000系へとつながっている。
◎山陽電鉄（阪急神戸線）六甲　1972（昭和47）年1月13日

普通鋼製の2000系が、引き上げ線から阪急六甲へ回送される。番号はトップナンバーで、後期クロス車の普通鋼車とは窓配置も異なる。最初からロングシートで登場した。引き上げ線は六甲駅を遠く離れて、御影駅近くの切通し区間にあった。◎山陽電鉄（阪急神戸線）六甲～御影（昭和46）年10月27日

梅雨時の阪急六甲駅。六甲は大学の最寄り駅で、下校時、ホームに入ると六甲止まりの山陽電車がやって来た。山陽は当時、阪急にも乗り入れており、普通車は東二見からの各停で来ていた。向かいのホームには電鉄姫路まで行く3000系アルミ車の特急がちょうど入線してきた。この2000系は普通鋼車の後期形。前照灯は改造されているが、まだ方向板は健在である。一方、3000系は2本あったアルミ試作車で、方向幕に改造されている(のち前面赤帯を太帯化)。
◎山陽電鉄（阪急神戸線）六甲　1970（昭和45）年6月16日

須磨浦公園のステンレスカー2扉車。ステンレスカーの第一陣は試作T車2500の製造に始まり、普通鋼車に挟んで就役させ、半年後、両端のTcを登場させて3連1編成に仕上げた経緯を持つ。これはのちの姿で、白熱灯1灯様の大きな前照灯ケースのまま、シールドビーム2灯化した姿である。ここ須磨は松林も多く景勝地だが、引きの撮れる撮影ポイントはなかった。
◎山陽電鉄本線　須磨浦公園〜須磨
1973（昭和48）年6月24日

戦後の一般車の新製は250形から始まったが、1954（昭和29）年になると、その後の全金属車との過渡期形態の車両が山陽にも登場する。250形の256,257で僅か2両。車体長も17mに延び、張り上げ屋根で新しさはあるものの前照灯や標識灯は取付け式、ウインドシルも残り、ウィンドヘッダーは前面だけがない。しかし、次の2000系、270系に繋がっていくスタイルではあった。
◎山陽電鉄本線　須磨浦公園〜須磨
1973（昭和48）年6月24日

滝の茶屋～東垂水間は、山陽電鉄が崖上を走り、崖下を国鉄と国道が併走している。神戸市の西端とは言え、ここまで来ると海は瀬戸内海の雰囲気だ。今は海側に沿って埋め立てが行われ、汚水処理場ができて緑化された林になっており、目に入る海は遠ざかってしまった。2712は別写真と同番。しかし行先板が方向幕に変わっている。
◎山陽電鉄本線　滝の茶屋～東垂水1973（昭和48）年6月24日

電動貨車のモワ5で、東二見の車庫のフェンス外から上手く写せている。真っ黒にも見えるが実はこげ茶で、補修部分はきちんとしたこげ茶の色が出ているので分かる。繋いでいるのは砕石輸送用のホッパ貨車で、向こうの先頭は制御車のクホが付いていると思われる。◎山陽電鉄　東二見(庫)　1976(昭和51)年8月1日

伊保と荒井の間は川を渡るが、南側は漁船が停泊できる河口港に面しているので、他にはない味わいのある風景が形成されていた。車両は同じく300形ばかりの3連で、この風景にこの車両とピッタリはまっている。
◎山陽電鉄本線　伊保～荒井　1976(昭和51)年8月1日

これは塩田からの1枚。塩田の畦に少し立ち入らせて貰って写した。普通車の3連270形（正式には250形）であるが、最後尾277とその前の271では窓配置が異なる。向こうは初期車でドアが狭いためd2D8D3,後ろは後期車でドアが広くd2D7D3となっている。また、パンタグラフの位置も異なる。この様に少しずつ違うのが当時の車両の魅力であった。
◎山陽電鉄本線　大塩　1972（昭和47）年1月13日

流下式塩田が無くなるというので、塩田と列車を狙うべく大塩まで行った。結局はこんな構図にしかならなくて、取り敢えず線路際での1枚。やって来たのは2700系の3連。電鉄姫路行き普通。2700系は63形700系の機器を流用した一種の更新車で、3扉の通勤車スタイル。1次車は2000系と同じ2扉、非貫通（のち貫通化）。
◎山陽電鉄本線　大塩　1972（昭和47）年1月13日

同じく八家～的形間で、当時は水田も残っていた。3000系はアルミ車による試作に始まり、その後、神戸高速線乗り入れ対応で普通鋼車大量増備が続いた。アルミ形成技術などの発展を受け、新アルミカーを試みるなど、山陽電鉄の画期的取組みを反映した車両である。◎山陽電鉄本線　八家～的形　1976（昭和51）年8月1日

八家、的形のあたりは緑がよく残っていて、山陽電車もトンネルで抜けていた。今は平地部分の多くが住宅で埋め尽くされてしまっているようだ。モ300形は旧型車の機器流用更新車だが、270形と異なり小型車ながらも3扉になっている。そのため趣きがローカルになっている。◎山陽電鉄本線　八家～的形　1976（昭和51）年8月1日

270形までは2扉であったが、1962（昭和37）年、次に登場した300形からは3扉となった。旧200形の更新者で、16m弱の車体に3枚扉で、Mc22両、M6両計28両製造された。1次車は、取付式のヘッドライトを装備、2次車の306以降は埋込み式になった。◎山陽電鉄網干線　山陽網干～平松　305ほか　1974（昭和49）年3月2日

網干線は飾磨から西へ一直線で8.5km.、電鉄網干に至る。本線の線形がL字に曲がって、その曲がり角が飾磨だ。この線路形状が会社のシンボルマークになっていた。さて、その網干の辺りも、昔は駅からすぐに田圃であった。850形は戦後初のロマンスシートと言われた820形の増備車で1950（昭和25）年製。貫通化したので面影もなくなった。もちろんロマンスシートもない。◎山陽電鉄網干線　電鉄網干～平松　1974（昭和49）年3月2日

# 神戸電鉄

1960（昭和35）年デビューの300形。方向幕設置改造後の姿で、当初はその位置に方向板を掲げていた。のち、シールドビーム2灯化、3扉化改造をされ、中間に311形2両を挟み、4連で使用された。1963（昭和38）年に初めて見たときは、薄いグレーにオレンジの塗色が斬新に見えた。晩年はオパールホワイトと臙脂帯に塗色変更までされていた。
◎神戸電鉄有馬線　鈴蘭台～菊水山　1973（昭和48）年3月12日

神戸電鉄で新製した電気機関車で、1949（昭和24）年製。貨物輸送に従事した期間は短く、専ら保線工事を主とした事業用として長く活躍した。廃車はついこの前の2011（平成23）年のことであった。三菱三原製40t機で、ちょっと上の45t,50t機も含めて言えば、全国に沢山の仲間がいた。番号はのち700形に改番。
◎神戸電鉄　鈴蘭台　1970（昭和45）年7月17日

重厚で安定感抜群の100形が鈴蘭台の留置線に憩う。開業時に投入した1形とその増備車100形は、六甲山系の勾配区間に備えた電気機器が床下を埋め尽くして、その塗色のこげ茶と相俟ってより一層重厚に見えた。1両が生き残り、鈴蘭台工場で無籍の入換車となっている。◎神戸電鉄　鈴蘭台　1970（昭和45）年7月17日

旧塗色時代の200形である。200形は戦後の運輸省規格形電車で、1次車と2次車では前面窓の大きさに違いがある。200形は気動車改造や展望車改造の雑形制御車とペアを組んでいた。このスタイルは、当時、豊橋鉄道や上田交通などに類例があって、神戸電鉄が地方私鉄の仲間であった頃の名残りと感じられた。因みにペアのクハ131は、元神中鉄道の気動車がルーツで、クハ132, クハ151も仲間である。
◎神戸電鉄　鈴蘭台　201＋131　1970（昭和45）年7月17日

1000系は神戸電鉄の標準仕様を構築した車両。窓配置d2D6D3の2扉両開き車。3連仕様の1100形、2連仕様の1300形を派生した。さらに前面形状は同じで、3扉車の1150系、1350系、1500系などがのちに誕生し、永らく在来スタイルを維持してきた。これを撮影した菊水山駅は2005（平成17）年に営業休止、2018（平成30）年に廃止されたが、ホームは今も残る。◎神戸電鉄有馬線　鈴蘭台～菊水山　1973（昭和48）年10月6日

唐櫃の山越えをする更新車の３連。300形の増備車は貫通の311形となり、それの旧型機器使用更新車が800形である。800形の両運転台バージョンが850形。1000系に準じた両開き扉使用の更新車が810形で、両運バージョンが860形である。800形は、Mc＋Mcで４組、810形は１組存在し、850形２両、860形３両あるので、３連を組むと、都合５組出来上がる。◎神戸電鉄粟生線　木津〜藍那　1974（昭和49）年10月６日

1000系の3連。1056は、増結用車のデ1050形。1050形は合計11両あって、最終的には、のち増備の増結用両運車
1070形と併せ、増結2連固定化改造を受けた。◎神戸電鉄粟生線　木津〜木幡　1974（昭和49）年10月6日

3000系は神戸電鉄に新風を吹き込んだ新系列車。今までの車両と全く異なり、アルミ車体、前面は折妻2枚窓。4連固定で、3扉1段下降窓を採用した・側面は、系列親会社にあわせた阪急スタイル（車内も）。製造初年度は1973（昭和48）年で、9編成36両ある。すれ違うのは1300系、後の仕様変更で裾帯が入り、オレンジが濃くなっている。この付近は山の姿はそのままだが、高速道路が東西に突っ切っている。
◎神戸電鉄有馬線　山の街〜箕谷　　1979（昭和54）年6月24日

1000系列で中間に3扉1320形を挟んでいることから、両端は1300形と考えられる。このあたりは地形が狭隘で、三ノ宮とトンネルで結ぶ高速道路や鉄道（北神急行、今は市営地下鉄）のＴ字分岐点にあたる。写真に見える寺院やその一角の茅葺き（庫裏）がそのまま面影を残すものの、付近を見渡せばコンクリートなどなど人工構造物がやたら目につく。◎神戸電鉄有馬線　箕谷〜谷上　1979（昭和54）年6月24日

# 2章
# 路面電車編

京阪電気鉄道大津線、京都市電（京都市交通局）、
京福電気鉄道嵐山線、南海電気鉄道大阪軌道線、
南海電気鉄道和歌山軌道線、神戸市電（神戸市交通局）、
阪神電気鉄道軌道線

◎阪堺電気軌道　大和川　1987（昭和62）年6月27日

# 京阪電気鉄道大津線

1997（平成9）年10月12日市営地下鉄開業に伴い御陵以西地上区間廃止

しっとりと烟る雨に、蹴上の桜も東山の姿も霞んでいる。京津線はここから山裾を国道に沿いながら専用軌道で登っていく。ここから大津上栄町までの区間は他に例を見ない都会の山越え路線で、鉄道線仕様高床の260形や300形、軌道線仕様の80形でも、ぴったり似合っていた。ここで幾枚か写したが、惜しいことに前照灯を点灯している列車は少なかった。◎京阪京津線　蹴上　1989（平成元）年4月8日

この350形の写真は、国鉄湖西線西大津駅下りホームから撮っている。350形も5両が両運転台車で登場。1969（昭和44）年にカラープリントで写した時はまだ単行運転であった。最終的には、半端な1両を除き、2連化されていた。
◎京阪石山坂本線　皇子山～近江神宮前　1977（昭和52）年9月17日

石坂線沿線でもあちこちに田圃が残っていたが、国鉄西大津駅周辺で狙うというのが、てっとり早かった。これは冬景色。350形は石坂線各停用で、当初から一般色のグリーンのツートンに塗られ、最終的にはこの塗色のほうが長生きした。◎京阪石山坂本線　皇子山～近江神宮前　1977（昭和52）年2月5日

260形の2連。国鉄湖西線の高架が見え、その背後に琵琶湖が見える。260形は最初、2扉片開きの両運転台車として登場し、増備につれて両開きの両運車、両開きの片運車が登場した。合計26両。ヘッドライトも片運車から2灯化されている(最終的には全て2灯化)。 この写真では、両運片開車と両運両開車がペアを組んでいる。パンタ位置も区々なペアが、出来上がっている。◎京阪石山坂本線　松の馬場〜穴太　1977(昭和52)年6月5日

これも西大津駅裏の秋の景で、車両は300形で8両存在した。300形と260形は山越え可能な京津線急行用として登場し、特急色であるが両形式の併結は不可。特急色は1980（昭和55）年頃から一般色に統一された。これら在来形の3形式は、のちの500,600,700形の改造種車になってしまい、勿論、今では存在しない。
◎京阪石山坂本線　皇子山〜近江神宮前　1977（昭和52）年9月17日

# 京都市電（京都市交通局）

1978（昭和53）年10月1日 全廃

京都市電の四条通を通る線が廃止になるということで、四条大宮から祇園まで歩いて撮影した。この写真は四条烏丸の
交差点。今は社名変更になった銀行の看板がたくさん見える。車両は600形をワンマン改造した1600形で、63両が改
造された。何の気なしに撮影しても和服を召された女性がたくさん写っているあたりが、流石、京都だ。
◎京都市電　四条烏丸　1971（昭和46）年10月15日

東本願寺門前のイチョウが色づく烏丸線東本願寺前。この区間は寺院側の要請を受け、線路を東に迂回させていたらしい。おかげでこういうアングルで撮影できたという次第。車両は700形で、この形式もワンマン化されなかった。
◎京都市電　七条烏丸〜東本願寺　1972（昭和47）年11月16日

「くずきり」で有名な、祇園近くの和菓子老舗「鍵善」が、古風な外灯を掲げている四条通り。1000形は京都市電の大型車で、他車と同じスタイルだが3扉で作られた。ワンマン化はなされなかったため、早く1972（昭和47）年廃車になった。　◎京都市電　四条京阪前〜祇園　1971（昭和46）年10月15日

東寺の塔を背景に走る1800形。左手の寺院が塔のある東寺（教王護国寺）。この線区も比較的遅くまで残ってくれてい
たので、カラーリバーサルでの撮影が間にあった。京都市電で1枚といえば、やっぱりここになるだろう。
◎京都市電　九条大宮〜京阪国道口　1977（昭和52）8月20日

東山七条交差点の2600形。背後の寺院は智積院で、重厚な土塀が続き清閑な古都の雰囲気は十分である。2600形は
京都市電初のワンマンカーで、最後の新車2000形登場時に同じくワンマン対応として600形を改造のうえ登場させた
もの。登場時は2000形ともども、車体下半分がグリーンではなくブルーに塗られ、文字どおり異彩を放っていた。
◎京都市電　東山七条　1977 (昭和52) 年8月20日

# 京福電気鉄道嵐山線

恐らく嵯峨駅前から鹿王院のほうを見た写真だろう。状況をさっぱり覚えていないが、まだ、郊外という感じの雰囲気が漂っている。写っているのはモボ121形129。新車導入前、京福嵐山線の車両は、この形の車両で統一されていた。片側運転台の増結用クハ201形は窓配置が異なるが、あとは皆んなdD10D、3形式全部で23両あった。
◎京福嵐山線　鹿王院〜嵯峨駅前　1972（昭和47）年11月16日

モボ121形が嵐山駅に到着するところ。まだ竹林が線路の南側に残っていて、お手軽な撮影地だった。小さな踏切があって、わりと早く中学生時代から目をつけていたポイントである。背後の嵐山駅は、しばらく後にレディースホテル付き駅舎に変わり、この踏切部も高架道路が線路を跨ぐ様に変わった。
◎京福嵐山線　嵐山〜嵯峨駅前　1972（昭和47）年11月16日

訪問が僅かに早すぎたようだ。ピカピカの新車が武庫川車両から届き、庫内で整備中である。モボ301と302。何分にも今まで、クラシックな同系車ばかりのところに、この新車なので、同色とは言え新鮮だった。後にモボ101形6両は同形車体に載せ替えたので、仲間が増えた。2007（平成19）年、一旦、運用離脱の運命を辿ったが、301は息を吹き返し、後輩に混じって活躍中。◎京福嵐山線　西院（庫）　1971（昭和46）年4月20日

11月3日の文化の日。行楽シーズンなので増結用のク201形が大活躍。ク201形は3両あり、モボ121形で4両ある、4個モーター車に牽かれて走る。この車は嵐山方にだけ運転台を備えており、窓配置はdD7D3となっていた。201形だけが楕円形の番号板を付けていない。◎京福嵐山線　太秦〜帷子ノ辻　1973（昭和48）年11月3日

噂があったからそうしたのか、嵐山で山陰本線を写したあと、嵐山線の西院の車庫を訪れている。新車モボ301形2両はまだ庫内で整備中であった。ついでに写したのがこれである。同形の電動貨車が叡山線にもいて、こちらはフモ501,あちらはデワ101と名乗っていた。代替わりで、新車を作る際、双方とも同形1000形だが、こちらはモト1001,あちらはデト1001と名乗った。◎京福嵐山線　西院　1971（昭和46）年4月20日

# 南海電気鉄道大阪軌道線

1980（昭和55）年12月1日阪堺電気軌道として分離独立

堺市の石津付近の風景。阪堺線沿線でも、まだ畑地すら残り、堺名物の灌漑用風車が残っていた。風車はさらに古くは
このあたり石津～堺～七道にかけて、この線や南海本線、大阪市電三宝線沿線などに散見されたが、この頃にはほとん
ど残っていなかった。今は公園などに保存されて、僅か2～3基残る。電車はモ205形で、パンタグラフ化されている。
◎南海大阪軌道阪堺線　石津～東湊　1970（昭和45）年5月16日

南海の大阪軌道線は、従前からＹ形のボウコレクターと称する集電装置を使ってきており、徐々にパンタグラフに切り替わっていったような気がする。有名なダブルルーフのモ101形などはボウのままで、生涯を終えたようだ。モ205形も切り替わってしまったかなと思っていて、たまたま恵美須町に出たら、未改造の１両が側線に停まっていた。
◎南海大阪軌道阪堺線　恵美須町　1970（昭和45）年５月30日

今も当時とさして変わらない雰囲気の住吉大社前の光景。右側の森が大社で、大きな石灯籠がずらっと並ぶ。車両は南海モ502で今も活躍中。この車両から採用されたクリームと緑の標準塗装で、大阪市電似のフェイスだが、側窓は１段下降の小ぶりのものが並ぶ南海新車仕様。優美な姿だった。今は広告電車となり、方向幕も小型化されてしまい見る影もない。◎南海大阪軌道阪堺線　住吉鳥居前　1970（昭和45）５月16日

阪堺線の聖天坂をゆくモ151。この当時は小型のモ205形を除き、クリームとグリーン金太郎のツートンとなっていた。現在は同形のモ161形が僅かに残り、今なお現役として有名になっている。あと6年もすれば車齢100年になるという。
◎南海大阪軌道阪堺線　聖天坂　1972（昭和47）年5月31日

我孫子道車庫の入口付近は線路に沿った道から眺めやすい。元京都市電のモ251形が緑一色に変身、沿線のタマノイ酢の広告を付けて佇んでいる。左右は雲塗装のモ306とモ353。モ301形はモ161形と同形連結運転対応車、モ351形はモ501形の更新車バージョンで旧型車の電機機器使用。雲塗装は人気なのか1/150のディスプレイモデル鉄道コレクションで再現されている。◎阪堺電気阪堺線　我孫子道　1982（昭和57）年5月8日

飛田に停車中のモ230、平野行き。あと、数ヶ月後に平野線の廃止が迫っていた。阪堺線からの分岐点を、東に大きく逸れると飛田の停留場があった。ここは庶民の町、元気いっぱいの皆さんの日常が垣間見える。モ205形は緑一色で残っていたが、屋根は鉛丹色から灰色に変わっている。◎南海大阪軌道平野線　飛田　1980（昭和55）年7月19日

堺市のメインストリート、フェニックス通りが阪堺線の走る大道筋と交わるのが、宿院交差点。今はこのイチョウ並木が伐採され、あっさりとした姿になってしまった。走るのは、モ161形で、青色の雲塗装。元を正せばオムロン社の広告塗装で、青、草色、橙の3種あり、形式、番号で分けられていた。
◎南海大阪軌道阪堺線　宿院　1979（昭和54）年10月

大阪市電から移籍したモ121形が大和川を渡る。対岸が大阪側でこちらが堺市側。この121形は元大阪市電1601形で、市電時代は古ぼったい外観に見えたが、オデコにあった水切りを取り、ヘッドライトを上に上げただけで、大人しい車両になった。この形式もクリームとグリーンだったが、深緑一色化されるとグッと重量感が増して見えた。
◎阪堺電軌阪堺線　大和川〜我孫子道　1981 (昭和56) 年6月3日

# 南海電気鉄道和歌山軌道線
1971（昭和46）年4月1日全廃

和歌山市内の本町二丁目に停車中の1006。6両あった1000形のうち1955（昭和30）年製の後期型で、大人しい前期型に比べて個性が強い。元々、張上げ屋根で登場し、後に樋を巻いたらしい。この写真を見ると、昼間でも何処からか「和歌山ブルース」が聞こえてきそうな錯覚に陥る。なお、張上げスタイル当時の写真が小林庄三氏の著書「阪堺電軌・和歌山軌道線」P185にある。◎南海和歌山軌道線　本町二丁目　1970（昭和45）年12月26日

南海和歌山軌道線最後の日、春雨に烟る和歌山城。春雨に降られて、涙雨になっている。公園前はＴ字分岐で、この写真は、西方、和歌浦方面である。春雨だが、柳が芽ぶき、早咲きの桜か何かが薄紅の花を付けて、彩りを添えている。何か淋しすぎる別れではないような気がする。電車は元・三重交通の700形で、前面の雨樋がカーブして上がっているタイプ。◎南海和歌山軌道線　公園前　1971（昭和46）年３月31日

和歌浦の内川（津屋川というらしい）沿いを走る704。冬景色でもちっとも寒々見えない。1961（昭和36）年に廃止となった三重交通神都線の電車が大挙13両、和歌山に来て、主力となっていた。高野山電鉄のデ101形のような二つ目玉のヘッドライトが、ここの特徴であった。また、塗色は前身・和歌山電気軌道から引き継いだブルー系で、白と水色がユニークで、温暖な和歌山にふさわしいカラーだった。◎南海和歌山軌道線　和歌浦　1970（昭和45）年12月26日

1971（昭和46）年1月9日限りの第一次廃止で使われなくなったのだろう、廃車された車両群。ダブルルーフの500形はこれが唯一の写真。車番板が外されているのが惜しい。向こうに見えるクリームと緑の車両は、秋田から来た251形。連接車の2000形は、いたのかも知れないのだが、他車に挟まれていたのだろうか。まだ廃車になってなかったのかも知れない。とうとう、写すことができなかった。
◎南海和歌山軌道線　和歌浦口　506(左),505(右) 1971（昭和46）年3月6日

和歌浦口の302。右手の六角形状の建物は信号所であった。ここで新和歌浦方面と海南方面が分岐する。300形はほぼ同形の200形とともに生え抜きで、昔からの主力車。それぞれ6両ずついて、最後まで活躍した。
◎南海和歌山軌道線　和歌浦口　1971（昭和46）年3月6日

和歌浦口から分岐した支線は、すぐ終点の新和歌浦に着く。漁船の修理でもするのだろうか。丘に上がった船が和歌山らしい。別に触れたように、こちらの1000形は大人しいスタイルをしている。みさき公園で、その昔、鉄道グッズ即売会があり、1000形の車内番号板を買った覚えがある。探したら出てきて、木製楕円形で1003とあった。
◎南海和歌山軌道線　新和歌浦　1971（昭和46）年3月6日

321形は、311形や2000形の流れを汲む車両で、南海に合併後に製造されたので、南海カラーのツートンで金太郎塗りである。元秋田市電の251形も同色である。ところで和歌山城向かいの公園に321が保存されているが、ほぼ和軌色でありながらも、金太郎塗りで、ハイブリッドなのがご愛嬌である。この写真は海南市内、野上電鉄最寄りの野上電車前。
◎南海和歌山軌道線　野上電車前　1970（昭和45）年12月26日

# 神戸市電（神戸市交通局）

1971（昭和46）年3月14日全廃

神戸市内、栄町四丁目。このあたりは古くからのセンターポール区間で、今は復活の兆しあるセンターポールだが、当時は全国的にも珍しかった。車両は1150形1155で、ワンマンカーではない。神戸市電の最新車が1100形と1150形であったが、他都市の市電の新車にひきかえ、出で立ちが大層地味に感じた。色こそ垢ぬけているものの、前面傾斜でない、前面真ん中の窓が大きくない、張り上げ屋根でないなど、地味な要素が揃っていた。背後の大林組の煉瓦造が、地下鉄海岸線みなと元町駅のファサードになっている。◎神戸市電　栄町四丁目　1970（昭和45）年10月15日

神戸市電も、前年、山手線などの路線が廃止され、一段と絵になるエリアが少なくなった。三ノ宮での１枚をと写した結果がこれである。秋なのでビル影が車両に大きくかかってしまっている。形式は1000形で、1012、前後扉の車両である。◎神戸市電　三宮阪神前　1970（昭和45）年10月15日

神戸駅前の西方、相生町方面を望む。湊川神社の前、楠公前から南下してきた市電の路線は神戸駅の北側をかすめて右折し、専用軌道に入っていく。雑然とした町並みの真ん中にセンターポール区間が続いていた。区画整理でも始まるのだろうか。重機で取り壊しの様子も垣間見える。◎神戸市電　神戸駅前〜相生町四丁目　1976（昭和46）年3月4日

全廃迫る神戸駅南西部の西出町界隈を500形が走る。大正から昭和にかけて製造された大型3扉車で、丸窓付きもあったが、更新大改造され、最後に残ったのは18両だった。ワンマンカーなので黄帯を巻いている。このうち17両が広島へ転出したが、流石、車歴が古いので、残っているのは1両のみである。
◎神戸市電　西出町　1971（昭和46）年3月4日

こちらも500形572。国鉄和田岬線の先の専用線を跨ぐ橋を渡るところを狙った。神戸市電で最後まで残っていたのは、
500形のほか800形（2両）、900形（1両）、1000形、1100形、1150形であったようだ。
◎神戸市電　和田岬～笠松町七丁目　1971（昭和46）年3月4日

# 阪神電気鉄道軌道線

1975（昭和50）年5月6日全廃

大学の授業の合間に神戸製鋼所のDLを撮影に行き、その帰途にちょうど出くわして撮影した1枚。新在家付近だと思われるが、撮影場所の詳細は不明。風景も若干ブレてか、不鮮明で、いかに力が入ってなかったかが分かる。
◎阪神国道線　1972（昭和47）年12月8日

阪神の軌道線はほとんど撮影していない。この時には1枚限り。国道線で1回かぎりの1枚。そして全廃直前にこの中津最寄りの阪急線アンダークロス近くで数枚撮したが、天気は芳しくなく、絞り不適正で、いまひとつの仕上がりで終わってしまった。お粗末な限りである。◎阪神北大阪線　中津　1970（昭和45）年9月12日

# 3章
# 地方私鉄編

三岐鉄道、近江鉄道、京福電気鉄道叡山線・鞍馬線、水間鉄道、
野上電気鉄道、有田鉄道、御坊臨港鉄道（紀州鉄道）、
能勢電気軌道、別府鉄道、北丹鉄道、加悦鉄道

◎京福電鉄叡山線　二ノ瀬～貴船口　1987（昭和62）年9月22日

# 三岐鉄道

三岐鉄道は旅客列車電化に際し、自社製のものを5両も揃えた。まずは2扉の片運転台車であったが、次は3扉両開き
の両運転台車1両、次に3扉片開きの両運転台車1両ずつ2両と増備を続けた。3扉片開きの両運転台車がこれである。
西武所沢工場製、前面は折妻なので、ヘッドライトは埋め込み。下回りは旧形と格落ち、窓配置もどこか西武っぽい。
これはモハ150の1灯時の姿で、増備の151は最初から2灯であった。
◎三岐鉄道　保々～山城　1973（昭和48）年4月30日

三岐鉄道の新車導入は自社製新車、譲渡車の2本立てが続いていたが、この小田急車からは、譲渡車に一本化された。小田急の元2100形で、1976（昭和51）年、モハ1両、クハ2両が導入された。小田急では、1954（昭和29）年の製造で、焦茶一色塗りの写真を、確かヒギンズ氏の写真で見た。やはり、過渡期の車両で、小田急時代は元々1灯であった。
◎三岐鉄道　伊勢治田〜丹生川　1977（昭和52）年8月6日

本書はせっかくのフルカラーなので、可能な限り当時のカラーが分かるよう、機関車や電動貨車なども織り込んだ。三岐のELの場合、今も変わらないので愛想ないが、写真は1970（昭和45）年。今も活躍する45t東洋電機製EL、ED453、ED454。当時の前照灯は1灯。ED453は三岐が直接購入、ED454は富山県の有峰ダム建設に従事したセメント輸送用で、車籍は富山地鉄にあったものの譲受車。前面窓形状、高さ、車体裾の処理、屋根の深さなどが微妙に違う。
◎三岐鉄道　国鉄富田　1971（昭和46）年5月16日

これは小田急車の3連、保々駅の北側のカーブを北へ去っていく。後ろ2両は小田急の元2100形のペアで、先頭を小田急デハ1600形両運改造車のモハ140が増結で務める。この日は暑いが絶好の撮影日和なのに保々どまりで、簡単に切り上げている。後でノートを見ると、何と知多半島の武豊へ日本油脂専用線の電車、機関車を撮影しに行っていたのである。◎三岐鉄道　大長～保々　1979（昭和54）年7月25日

三岐鉄道では1977（昭和52）年6月頃、塗色変更を実施した。それまで、窓まわりクリーム、上下ダークブルーを、現行の黄とオレンジ色に変更した。1979（昭和54）年7月に再訪した時でも、まだ塗りたてで極めて美しかった印象がある。ヘッドライトも2灯化されておらず、まさに撮り時であった。この塗色は車形に応じて若干塗り分けは変わっているものの、今なお、踏襲されている。結局、三岐の電車は1回しか色を変えていないことになる。
◎三岐鉄道　保々　1979（昭和54）年7月25日

# 近江鉄道

前年の冬に続き、この年の冬も近江へやってきた。彦根でも雪が止めどなく降っていた。近江鉄道は自社で鋼体化電車を作る一方で、大手私鉄の廃車車両も譲り受けて使用していた。モハ202とペアのクハ1202は、小田急のモハ1600の車体を改造したものである。ただし、車籍のほうは東急の3150形→近江200形を引き継いでいる。近江は車籍引き継ぎが多く、煩雑極まりない。◎近江鉄道　彦根　1975（昭和50）年1月12日

近江鉄道は貨物輸送が盛んで、4種の電気機関車を保有した。元国鉄のED14と別記ED31は複数両がおり、入換機ロコ1101とこのED4001は各1両ずつである。このED4001は1973（昭和48）年に増備されたもので、東武鉄道初の電気機関車でイギリスからの輸入電機。使い勝手が悪かったせいか、早くに休車し、今は東武博物館に収まっている。
◎近江鉄道　彦根（昭和49）年1月20日

雪晴れの日、彦根と米原の間にある佐和山トンネル手前の築堤を北へ向かうEL＋ワフ。ED31形は元伊那電鉄のデキ1形で、戦前、国鉄が伊那電鉄を買収した際に国鉄のED31となり、近江へ5両が払い下げられたもの（うち2両は西武経由）。40t級の凸形電機だが、とりわけ前面窓が小さく、装甲車まがいとファンの間では有名だった。
◎近江鉄道　鳥居本〜彦根　1974（昭和49）年1月20日

近江鉄道は国鉄の郵便輸送終焉を迎える時まで郵便荷物輸送を行い、専用の車両としてモユニ10と11を保有していた。
このモユニ10は古くは西武の旧型車モハ232を改造したもので、モユニ11のほうは、京王帝都のデハ1707を譲り受け、両運転台の旅客車モハ204としていたものを再改造したものである。このように旅客車両に併結で使用された。
◎近江鉄道　貴生川　1971（昭和46）年5月15日

自社製電車第二弾ともいうべき500系。合計6編成製作されたが、最終編成は扉がステンレスになり、塗色もオレンジ
一色に変更された。この塗色が、逆に他車に及ぶこととなり、ローズピンクとベージュの西武カラーがオレンジに銀灰
色帯に置き換わっていった。黄色系なので、西武まがいと言えなくもないが、現在の800,820系よりは遥かに濃かった。
◎近江鉄道　水口〜日野　1981（昭和56）年11月6日

近江型といわれる多少角ばった湘南ス
タイルの電車。木造車などを鋼体化し
た自社製電車で、このMc+Tcペアが8
本もいた。この後の自社製電車は3枚
扉、前面貫通扉付きの500系となった。
この頃の多賀線沿線は色づいた田圃と
畦に咲く彼岸花が揃ったが、後には稲
刈りが早まり、この取り合わせでの撮
影はできなくなった。
◎近江鉄道　高宮〜多賀　1213+1
1976（昭和51）年9月23日

# 京福電気鉄道叡山線・鞍馬線

1986（昭和61）年4月1日叡山電鉄として分離独立

宝ヶ池手前でも、まだ水田が残っている。八瀬へ向かう元阪神のデナ500形とデオ300形のすれ違い。300形は、前年7月18日に写した時には左窓がHゴムだったのに、サッシの2段窓にされてしまった。もう少し目立たない様な工夫が欲しかったと思う。500形はあまり写さないうちにデオ600形に更新されてしまった。
◎京福電鉄叡山線　修学院〜宝ヶ池1973（昭和48）年8月19日

鬱蒼とした木々に囲まれた山間の小駅に、線路を軋ませてポール電車が到着する。美しい自然と古い歴史に包まれた鞍馬路。そんな風景にこれほどまで似合っていた電車はない。京都電灯と鞍馬電鉄のデナ21形（番代の違いは、当初の電気制動の有無の違い）は、計8両（当初10両）いた。1970年代初めまで京都周辺で残っていた3箇所のポール電車は、ここが最後であった。◎京福電鉄鞍馬線　二軒茶屋　1973（昭和48）年8月19日

1977（昭和52）年の雪撮第２弾は、情報もないままに鞍馬へ来たら、木々に斑らの残雪が残っていた。貴船口の駅に停まるデオ200形である。戦後間もない1951（昭和26）年製で、ノーシルノーヘッダー、埋込ヘッドライトになっていながらも、やや鈍重でスマートさに書け、ドアの桟や旧態然として出っ張ったテールライトなど、近代化への過渡的車両の特徴をよく表している。◎京福電鉄鞍馬線　貴船口　1977（昭和52）年２月９日

紅葉色づく岩倉～木野。京都の市街地からも近いが、まだ広く田園風景が残っていた。デオ300形は京福の虎の子。車両型式図集「スタイルブック」に1/80の図面が載っているが、それを見ているだけで惚れ惚れするような車両だ。鉄道コレクションで1/150のディスプレイモデルが発売されたが、購入された方も結構多いのではないか。
◎京福電鉄鞍馬線　岩倉～木野　1975（昭和50）年11月22日

二ノ瀬を出た電車は、山並みに沿うように右へカーブを切っていく。鞍馬川が近づき、瀬を形づくりつつ、林の中の小渓谷となっていく。このあたりは色々なアングルが狙えた。写真はデナ500形の更新車、デオ600形。1979（昭和54）年武庫川車両製なので、ちょっと阪神車と通ずる雰囲気がある。
◎京福電鉄鞍馬線　貴船口〜二ノ瀬　1980（昭和55）年6月18日

起点の貝塚駅入線中のモハ251形252。モハ251形は2両あり、製造初年は1958（昭和33）年製。この252は増備車で1962（昭和37）年製。塗色は標準色のグリーンとクリームで、251のほうは先に新塗色のマルーンになっていた。他私鉄から譲受した電気機器使用とは言え、こんな小規模の地方私鉄でさえ、オリジナルの新車を製作していたのだから敬服に値する。◎水間鉄道　貝塚　1970（昭和45）年5月16日

# 水間鉄道

この日、運転されていたのはモハ364＋365とモハ363の単行。この日はモハ55をカラーで写すためだけにやって来たので、名越で折り返してしまった。梅雨空の曇天下で、走行写真もこれ限り。362と363は元淡路交通の車両で、鋼体化してノーシルノーヘッダではあるものの、野暮ったい感じの田舎電車に見えた。
◎水間鉄道　名越〜清児
1970（昭和45）年6月20日

元宇部電気鉄道の車両で、戦前に国鉄買収後、昇圧時に廃車。尾道鉄道を経由して、水間へやってきた2両のデハニ、モハ55形になっていたもののうちの1両。数年前には、2両とも活躍していたが、この頃には、55のみが名越の引込線に残存。この年の10月には廃車になったらしい。下半がブルーに見えるのは、車両の褪色のせいだと考えられる。
◎水間鉄道　名越　　1970（昭和45）年6月20日

高野山電気鉄道由来の南海モハ561形のうち、2両が水間へやって来たもの。ご丁寧にも1両は片側非貫通の元デニと嬉しい措置。しかし、すぐ別記1201系の導入で1972（昭和47）年には廃車になっている。この車も茶色一色になったとの情報を見た記憶もあるが、見られなかったし南海簡易鋼体化車の361＋381もリバーサルで撮りそびれるなど、目まぐるしい変貌に追いつくことのできない時代であった。◎水間鉄道　貝塚　1970（昭和45）年6月20日

終点水間駅に留置中の塗色変更過渡期の500系。手前が新塗色の505、後ろが旧塗色の510。茶色の色合いが変わっている。私は、撮した車両しか番号メモをとらないが、この日は、全車の状況メモを残していて、新塗色が3連2本、新＋旧が2連2本、旧塗色が2連1本であった。南海1201系は、水間に12両来たが、4通りスタイルが違い、この写真の様に揃っているのはむしろ珍しい。◎水間鉄道　水間　1978（昭和53）年6月25日

1971（昭和46）年から元南海の1201系が大挙水間にやって来て、在来旧形車や、元南海小型車を一掃した。ようやく落ち着いたのである。当初は元番号のままグリーン濃淡ツートンで稼働していたが、1973（昭和48）年頃から新塗色化が進み、番号も変更された。このカラーがいい感じで、落ち着いたと思ったら、すぐにマルーンは赤茶色に変わって、また落ち着かなくなった。◎水間鉄道　三ヶ山口～水間　1980（昭和55）年7月2日

# 野上電気鉄道
1994（平成6）年4月1日廃止

野上電鉄はこのあたりで貴志川に沿って走る。線路が川に沿っていい感じにカーブしており、ローカル味満点である。車両は元阪神モハ26。この日は、雨の中を24,26,32が走っていたようだ。この野上色は他にない塗色で、以前は黄帯が無かったらしい。この色を「淡いグリーン」と書いた書籍も中にはあるようだが、それは褪色しているのであって、青緑が正解である。◎野上電鉄　紀伊野上〜動木　1975（昭和50）年6月21日

日方駅国鉄連絡口に停車中の元阪急モハ23。元阪神車が幅を利かす中で、唯一生き残っていた元阪急車。屋根はシングルルーフに変えられていたが、元々はダブルルーフ。窓配置が1D5D6D1というのも特異。この写真では黄帯を全体に巻いているが、のちには前面だけになり、しかも太かった。◎野上電鉄　日方連絡口　1970（昭和45）年12月23日

雨の中を走るタマゴ形モハ24は元阪神の601形。関西の大手私鉄では、タマゴ形と称する前面5枚窓の木造車、半鋼製車が多数出現した。木造車のほうが当然古く、大半がダブルルーフ。半鋼製車は大体シングルルーフで、前面非貫通もあれば、貫通型もあるという次第。しかし、この車両が唯一とも言える生き残りで、永らえた結果、古巣阪神に引き取られ、保存車となっている。◎野上電鉄　竜光寺前〜下佐々　1975（昭和50）年6月21日

日方駅連絡口のホームから見た日方駅（本駅）の光景。右手車庫の構内にいるのはモハ31で、明かり取り窓が特徴の元
阪神1130。この連絡口は日方駅の一部で、国鉄海南駅の上りホームと構内踏切で連絡していた。向こう旧塗色車が見
える所が日方駅（本駅）。左手、連絡口ホームの向こう側に、富山地鉄から来たデ10形が並んで留置中。
◎野上電鉄　日方連絡口　1976（昭和51）年9月18日

翌年の秋に再訪すると、ほとんどの車両が朱色とクリーム色に変わっていた。デ10形の導入をきっかけに、全面改装をしたらしい。地方私鉄の塗色変更といえば、ボチボチと変わって、旧塗色もずっと残っているというのが常なのだが、思い切ったことをしたらしい。彼岸花の咲く光景、ここは高みを併走する道路があり、俯瞰撮影が狙えた。
◎野上電鉄　竜光寺前～下佐々　1976（昭和51）年9月18日

# 有田鉄道
2003（平成15）年1月1日廃止

国鉄との接続駅である藤並駅で客を待つDCキハ250と側線のDB20。キハ250は九州の山鹿温泉鉄道の「注文流れ」と言われ、湘南形ＤＣの先走りである。国鉄のキハ44000の１次車と同じ１段窓であることが珍しい。一方、ＤＬの方は日本輸送機製15tＤＬで、メーカー標準仕様機である。ＤＣが次から次へ主力交代したのに対し、ＤＬのほうは小ぶりながらも前照灯改造（ボンネット側２灯化,キャブ側２灯増設）、国鉄カラーに塗色変更までされ、貨物輸送廃止まで活躍した。◎有田鉄道　藤並　1970（昭和45）年６月14日

国鉄樽見線（現・樽見鉄道）で使われていたキハ07200代がそっくりそのまま有田へ2両転入したものである。元々原型は機械式のキハ42000形だが、変速機を液体式に変え総括制御改造されたものは、200代となっていた。国鉄に最後まで残った07のひとつで、そのままの姿で1970（昭和45）年に有田へ来た。全線がほぼ、みかん畑（平地）を縫うが、この区間では一寸した築堤で川を渡る。◎有田鉄道　下津野〜御霊　1973（昭和48）年11月4日

元国鉄の41000形（キハ04）で、廃止になった島根県の一畑電鉄立久恵線から来た。この形式は大量に製造され、のちに払い下げられたので、その頃には全国の地方私鉄各社で見られた車両である。「RMライブラリー」によれば、延べ26社、66両（キハ40000を除く）となる。この訪問から間もなくして、キハ07が入線したので、このキハ202は御坊臨港鉄道へ渡った。◎有田鉄道　金屋口　1970（昭和45）年6月14日

保存用蒸気機関車の入換に従事するDD353。たまたま出くわしたのだが、DB20ではなく、こちらが使われている。
1978（昭和53）年に訪れた時には、金屋口に新設された車庫の奥にいて写せなかったが、この日は幸運。日本車輌製
35tの標準機で、新日本製鐵のお古（旧D353）。八幡地区と戸畑地区を結ぶくろがね線で緩急車代用として使用して
いたものと同形機。この同型機はお手頃サイズだったか、各地の工場専用線で見られたものだ。
◎有田鉄道　藤並　1982（昭和57）年6月28日

終点金屋口の駅は、2線3ホームを屋根がすっぽり覆うような構造で、そこに新しく主力となったキハ07と予備車キハ
250が頭を並べていた。キハ250は、先の写真では国鉄急行車の塗り分けだが、この写真では07に合わせて紅白逆転、
窓まわりがクリームに変更されていた。一方、元々いた機械式の07（キハ210）は、旧塗色も色褪せ、相当荒廃した姿で
留置されていた。◎有田鉄道　金屋口　1973（昭和48）年11月4日

キハ07の次に有田鉄道へ登場したのは、富士急の元DCであった。富士急行は電化路線であるが、国鉄中央本線乗入れ用に3両の58系DCを保有、3両のうち1両は国鉄には存在しない両運転台車だった。中央本線の急行の完全電車化で廃車となり、有田へ来たのが1975（昭和50）年。当初は3連運用もあったようだが、旅客減により、両運転台車の活躍が目立った。この後には、樽見鉄道より2軸レールバスが入線する。
◎有田鉄道　藤並〜田殿口　1982（昭和57）年6月28日

# 御坊臨港鉄道（紀州鉄道）

1972（昭和47）年8月31日不動産業傘下となり、翌年1月紀州鉄道に改称

御坊臨港鉄道時代から、保有していた小型DLのうちの1両である。2両とも戦後間もない昭和20年代、森製作所で、廃車SLの足回りを使って、仕立てあげられた。各地に類例があり、誰がつけたか「森ブタ」と称する様になっていた。僚機の写真が下にあるが、形も色も異なる。こちらの方が新しく、車体の角がとれている。
◎御坊臨港鉄道　紀伊御坊　1970（昭和45）年6月14日

1970（昭和45）年、御坊臨港鉄道を初訪問。当日はストライキ中で列車は走っておらず、線路を歩いて車庫のある紀伊御坊へ行った（当時は、ストライキの折には、線路を歩くのが常識となっていた）。行ってビックリ、屋根のある車庫はなく、構内に留置されている車両の塗色が全部と言っていいほど違っていた。同じなのはキハ308とキハ40801のみ。江若からのDC、DLは江若色のままは勿論、森ブタと称する2両の小型DLはツートンでそれぞれ違う有様に絶句した。
◎御坊臨港鉄道　紀伊御坊　1970（昭和45）年6月14日

翌年の秋には、大学の鉄研メンバーと訪問した。有田から来たキハ202が就役しており、これまた新しい塗色の焦げ茶とクリームに塗られていた。この車両が稼働せぬまま廃車になったという情報がまま見られるが、無籍で動いていたのかも知れない。ことほど左様に地方私鉄は楽しい。◎御坊臨港鉄道　紀伊御坊～御坊　1971（昭和46）年10月31日

終点日高川の光景。気動車が停まっているところがホームで、屋根はない。貨物ヤードの隅に突っ込んだ様な雰囲気で、駅舎は左端に写る僅かに離れた低い建物である。何度か訪れたが、一度も駅舎の建物に立ち寄った記憶がない。気動車は江若鉄道から来たキハ16で、当初はDLともども江若色のままだったが、塗替えられた。日高川～西御坊間は1964(平成元)年4月に廃止された。◎紀州鉄道　日高川　1973(昭和48)年11月4日

御坊と言えばこの車両と言える位に愛用され続けたキハ600形2両。大分交通で1960(昭和35)年新製。1976(昭和51)年に御坊へ来た。最後には、前面窓がサッシになり角大化、ヘッドライトは1灯のシールドビームになり、裾部に同じくシールドビームを2灯増灯するなど、原型を知っている者には、ちょっと残念な姿であった。今は603が紀伊御坊の線路脇の広場に保存されている。◎紀州鉄道　紀伊御坊～御坊　1982(昭和57)年6月28日

新たにDLが入ったので、またまた訪問。帰途、市役所前から乗ろうと待っていたら、やって来たのはこのキハ40801。もと芸備鉄道のキハニ19で、国鉄買収後、1947（昭和22）年から御坊にいる一番の古株。先程、雨の中、沿線の田圃の中で撮したときはキハ16が走っており、キハ40801の走りを見るのは初めて。雨のせいか車体の焦茶色が一層黒ずんで見えた。◎紀州鉄道　市役所前～西御坊　1975（昭和50）年6月21日

東亜燃料から来たDL、DC252。1973（昭和48）年12月の入線当初は白っぽいクリームと焦茶の東燃カラーであったが、この頃には大分交通からのキハに合わせて、クリームと緑の標準色になっていた。しかし、留置されている位置は専ら変わらず。私個人としては稼働している姿は見ずに終わった。ずっと、予備機であったのだろう。その向こうはキハ16。◎紀州鉄道　紀伊御坊　1982（昭和57）年6月28日

御坊臨港鉄道は国鉄紀勢本線と、日高御坊の寺内町（中心市街地）を結ぶため設けられた鉄道なので、国鉄御坊駅と中心部紀伊御坊駅の間には、田園地帯が今も残っている。従って撮影に至便で、まずはここで走行中の列車を撮影して、のちに車庫のある紀伊御坊へ向かうというのが、当時から通例の行動パターンであった。
◎紀州鉄道　御坊～学門　1982（昭和57）年6月28日

# 能勢電気軌道
## 1978(昭和53)年10月1日能勢電鉄に改称

能勢電鉄は川西能勢口を境に別運行しており、川西国鉄前への0.6Kmの路線は、全くのヒゲ線となっていた。朝夕に限りの運行で、専用車両として、在来からの単行用51,61のうち1両を使っていた。いつもは、能勢口の西側ホーム端に留置してあり、その姿しか写してなかったので、最終日に走行写真狙いで、早起きして出かけた。当日は曇り空だが、数多くのファンが見守る中、美しく塗装された51が走行していた。多少のブレ、ピンボケ覚悟の上で、これを写した。
◎能勢電鉄　川西国鉄前～川西能勢口　1981(昭和56)年12月19日

能勢電の山岳区間を、上にある大和団地から望む。まだ、急カーブ、木柱で、貧相な軌道状況がうかがえる。走行しているのは、元阪急の小型車500形で、最早4連化されている。初訪の1966（昭和41）年には、川西能勢口でしか見ていないが、木造車の2連が走っており、1973（昭和48）年には、阪急車3連を写していることから、急発展の状況がわかる。そして、1983（昭和58）年には大型車の4連を迎える。◎能勢電気軌道　ときわ台～笹部　1976（昭和51）年6月20日

現在、能勢電鉄沿線で里山の雰囲気を辛うじて残すのは、この妙見口の付近だけと言ってよい。大和団地から垣間見えていた区間も、フェンスが拡大して張られた模様だし、草木も伸び放題、荒れ放題に見える。元阪急600系は、500系と1500系の間に使われていたが、この時にはあまり写真を残していない。
◎能勢電鉄　妙見口～ときわ台
1983（昭和58）年8月13日

# 別府鉄道

1984（昭和59）年2月1日廃止

別府鉄道は、あまり本腰を入れて撮影した記憶がない。車種は結構いろいろ有ったにも拘らず、平野部なので風景が単調であったためだ。最初は別府鉄に乗って訪問していたが、そのうち、山陽電車で直接、別府港へ行っていたのだと思う。この時は鉄研メンバーと訪問、キハ2のほうが使われていた模様だ。キハ2は三岐鉄道からやって来た荷物台付き。まだこの頃は旧塗色であった。◎別府鉄道　別府港　1970（昭和45）年5月15日

1974（昭和49）年に車庫を訪れたら、古いほうのキハ2がいた。いわゆるレールカーという2軸の車両で、1965（昭和40）年に廃車になったとされるから、既に8年以上を経ている。グリーンとクリームに塗られているが、昔は黄色の色が濃かったようだ。ほぼ同じ形の車両が現役で残っていたのは、上武鉄道のハフ3（客車化）ぐらいのものだろう。
◎別府鉄道　別府港　1974（昭和49）年3月2日

新たに入ったキハ101に乗って別府入りしたのだろうか。キハ101は片上カラーのままだったが、庫内にいた元佐久鉄道のDCキハ3は、何とショッキングピンクに変わっていた。さすがに塗ったほうもショックだったのだろうか、晩年にはオレンジがかった塗色に変えられていた。◎別府鉄道　別府港　1976（昭和51）年3月20日

古典的なディーゼルカーと客車、4車4様のディーゼル機関車の寄り合い所帯にやって来たのがキハ41000。元同和鉱業片上鉄道のキハ301。入線は1974（昭和49）年。片上カラーのままで活躍を開始した。晩年には裾が一直線に改造されていた模様だが、これは文献で知ったことで、現物は見ずに終わった。運転最終日が雪というのも後で知ったこと。私が富山で勤務していたからである。◎別府鉄道野口線　別府口〜坂井　1978（昭和53）年8月6日

別府鉄道は野口線・土山線とも山陽電鉄・山陽新幹線をくぐって、それぞれ、北西、北東に向かうが、こちらは土山線。この年に入線したばかりのDD50が、昔ながらの2軸客車ハフ7を牽いて現れた。塗りたての青が、在来車より濃かった。新日本製鐵は専用鉄道の輸送近代化で新鋭DLを投入し、古参の既存車を廃車した。中には地方私鉄などへ譲渡されたものもあり、格上げと言えた。これはその1両で、他に有田、上武、福島臨海などへ行った。
◎別府鉄道土山線　別府港〜中野　1978（昭和53）年8月6日

# 北丹鉄道
1971（昭和46）年3月1日休止、1974（昭和49）年2月28日廃止

北丹鉄道は2度訪問しているが、何れも、福知山西の車庫どまりである。ディーゼルカーは同形車が2両おり、これは
キハ102だが、キハ101は塗色の塗り分け方が若干違う。幕板がキハ102は下半と同色のマルーンで、キハ101は窓ま
わりと同じクリーム（樋はマルーン）である。ともに元国鉄のキハ41000形で、1965～1966（昭和40～41）年に入
線した。◎北丹鉄道　福知山　1970（昭和45）年7月5日

福知山西の車庫に憩う車両たち。先頭はDL～DB-2,その後ろがダブルルーフの客車ハ12で、一畑電鉄広瀬線から来た
2軸客車、その後ろにもう1両のDC、キハ101がいて、最後にもう1両のＤＬ～DC-1がいる。この他に元南海の電車
改造のダブルルーフ客車が1両いて、奥の河守にでもいたのだろう。見そびれてしまっている。
◎北丹鉄道　福知山西(庫)　1970(昭和45)年7月5日

# 加悦鉄道

1985（昭和60）年5月1日廃止

雪の正月。加悦駅構内を東側（車庫ヤードの裏）から眺めた雪景色である。この日、走っていたのはキハ08で、車庫の
キハ51などは相当雪まみれになっている。この分だと、年末あたりから降り続いていたのかも知れない。車庫裏から
の写真はあまり見た記憶がないので、気に入って何度も使っている。車両のDCがキハニ51、DLは新鋭35t機DD352
である。◎加悦鉄道　加悦　1977（昭和52）年1月2日

自分にとって、加悦のDCと言えばこの
キハ101であった。1D7D1の窓配置、
前後に付いた荷物台、ちょこんとしたオ
デコのヘッドライト、そして足回りは珍
しい片ボギーと、僅か12mの車体に魅
力満載の気動車だった。薄い紙の車内
補充券を切ってもらい、これに揺られて
加悦に着けば、木造の洋風駅舎と森ブタ
や古典客車群が溢れていた。それが加
悦鉄道だった。
◎加悦鉄道　丹後山田
1970（昭和45）年７月５日

加悦のキハ51。この頃の加悦の塗色は朱とグ
レーで、朱とクリーム系になったのは、キハ
08入線以降のことだと思う。「RMライブラリ
ー」No.181でも、「鉄道ファン」の記事でも、
その辺のことが明確に書かれていないので、
一番グレーと分かる写真を掲載した。こうし
ておかないと、自分も老化が進み記憶が薄れ
るやフィルムは褪色するやで、自分でも自信
が持てなくなってくる。印刷物と文字表現の
二本立てで残すのが一番いい。デジタルは補
正が利きやすいから、一層あてにならない。
◎加悦鉄道　加悦
1970（昭和45）年７月５日

自分より少し若い世代の人ならば、加悦のDCと言えば、このキハ08だろう。旧国鉄時代の客車オハ62改造のキハ40 3、改番で08 3と名乗った珍車だ。北国育ちの道産子で、雪に強く、この日も活躍していた。加悦SL広場に一旦保存されたが、同所廃業で、今はどうなっているのだろう。一両でも多く引き取り先が見つかって欲しいと願っている。
◎加悦鉄道　加悦　1977（昭和52）年1月2日

今にも降り出しそうな、梅雨空のもと、キハ1018が走る。背後にゆるやかに棚田が見える。今もこの光景のままだろうか。加悦地区は、2005（平成17）年に重要伝統的建造物群保存地区になった。そんな見どころが潜んでいたのも気づかなかった。鉄道が残っていて、あの旧式ディーゼルカーで古い町並みを訪れてみたかった。欲を言えば天橋立まで乗り入れて、287系「はしだて」から、加悦のDCに乗り換えて町並みを訪ねる。かなわぬ夢だが、当時、交通・観光・産業・文化財の行政各部門が連携していたら、また違った展開になっていたのかなと素人考えで思う。
◎加悦鉄道　丹後三河内〜加悦　1982（昭和57）年8月18日

## 小林 武（こばやし たけし）

1950（昭和25）年　堺市北区中百舌鳥町の生まれ。自宅の前を、南海高野線が走るところに50年間在住。
1969（昭和44）年　神戸大学経済学部入学。鉄道研究会を創設。
1973（昭和48）年　同卒業。関西電力株式会社入社
2010（平成22）年　同定年退職
　　　　　　　　　　現役会社員時代の趣味活動は、地方私鉄の「撮り鉄」を軸に撮影活動。
　　　　　　　　　　退職後は、JRの絶景地点（ほとんど未訪地）での「撮り鉄」に重点を移して撮影活動。
2014（平成26）年　写真集「私の地方私鉄探訪」を自費出版
2016（平成28）年　同書において第19回「日本自費出版文化賞」グラフィック部門入選。
現在においても、引き続き、ペンタックスとリバーサルフィルムを使っての「撮り鉄」を継続中。
デジタル化の計画はない。

### 【注記、参考文献】

（1）使用カメラは、35mmのアサヒペンタックスSP, SPⅡ, SPF
（2）フィルムはフジクローム。1979(昭和54)年頃からコダクロームを併用。
（3）今回、解説を執筆するに当たり、事実確認等のため多くの鉄道書籍を参考にした。逐一あげ
　　られないので、この場をお借りして厚く御礼申し上げたい。主なものは、雑誌では「鉄道ピク
　　トリアル」私鉄車両めぐり関係各号、「鉄道ダイヤ情報」NO.131阪神電車の研究。ネット情報
　　ではWikipedia,鉄道図書では、「車両発達史シリーズ」5,6南海上下、8近鉄一般車(関西鉄道研
　　究会)、近鉄電車(JTBパブリッシング)、和歌山の汽車・電車(トンボ出版)、阪堺電軌,和歌山軌
　　道線(トンボ出版)、私鉄の車両7山陽電気鉄道,15京阪電気鉄道(保育社)、RMライブラリー 2キ
　　ハ41000とその一族、14北丹鉄道、38図説別府鉄道、79水間鉄道(ネコ・パブリッシング)、鉄
　　道関係図書以外の図書では、「大阪府の近代化遺産」(大阪府教育委員会) など。

## 1970年代
ねんだい
# 関西の鉄道記録 下巻／私鉄編
かんさい　てつどうきろく　げかん　してつへん
## カラー写真でよみがえる懐旧の情景
しゃしん　かいきゅう　じょうけい

発行日····················2022年9月2日　第1刷　※定価はカバーに表示してあります。

著者························小林 武
発行人····················高山和彦
発行所····················株式会社フォト・パブリッシング
　　　　　　　　　　〒161-0032　東京都新宿区中落合2-12-26
　　　　　　　　　　TEL.03-6914-0121 FAX.03-5955-8101
発売元····················株式会社メディアパル（共同出版者・流通責任者）
　　　　　　　　　　〒162-8710　東京都新宿区東五軒町6-24
　　　　　　　　　　TEL.03-5261-1171 FAX.03-3235-4645
デザイン・DTP ········柏倉栄治
印刷所····················株式会社シナノパブリッシングプレス

ISBN978-4-8021-3350-0 C0026